JN095992

子どものねがいと
教師のしごと

障害のある子どもと創る教育実践の記録

越野和之　河合隆平　編

全障研出版部

子どものねがいと教師のしごと
障害のある子どもと創る教育実践の記録
目　次

はじめに

　本書には，障害児教育の実践記録が収められています．それらは，全国障害者問題研究会（全障研）の研究誌『障害者問題研究』の連載「実践に学ぶ」から選んだものです．この連載は，障害のある人びとの発達保障をめざす全障研が当初から大切にしてきた理論と実践を統一的にとらえた研究運動を進めるための手がかりを提供しようと，2014年5月から始まりました．全障研の全国大会などで報告されたレポートを中心に，教育，保育・療育，福祉，実践の基盤となる制度や条件整備を求める運動も含め，発達保障をめざす「実践」を幅広く取り上げています．それぞれの実践記録には批評を付すことで実践を読み深め合うための手がかりとし，集団的な研究討議が広がることを期しました．

　今回，そのなかから学校教育の実践記録を取り上げ，実践を語りあう場をさらに広げるための素材として再構成したのが本書です．近年，学校現場で実践記録を書く文化の衰退が指摘されています．その背景には，教師が子どものことや教育について話し合い，自分たちで実践をつくる自由が大きく制限される構造があります．そうした厳しい状況にあって，教育実践の主人公である子どものねがいに学びながら，障害のある子どもたちの豊かな発達をめざす「教師のしごと」の値うちを確かめ，子どものねがいから出発する教育実践を進めていくための実践研究の足場を築きたいと願って本書を編集しました．

＊　＊　＊

　教育実践は，人間が意図をもって他者に働きかける営みですから，二度として同じ働きかけや活動を再現することはできません．その一回性ゆえに教育実践が生み出す事実には，手持ちの理論では説明しきれなかったり，既存の枠組みからはみ出るものがたくさんあります．そうした事実が豊かに寄せ集められることで理論が鍛えられ，新たに生み出されていきます．それは

「教育不可能」とされた重い障害のある子どもの発達の事実を明らかにし，障害のある子どもにふさわしい学校教育の内実をつくり出してきた「権利としての障害児教育」の歴史が教えるところです．教育実践は，実践が生み出す事実とその意味を深く吟味することによって理論を発展させる契機を豊かに含んでいます．教育実践における理論とは，実践者が立ち止まって目の前の子どもたちの姿をねばり強く見つめ，自らの働きかけを何度もとらえ返すための足場といえます．また，人格的な営みである教育実践がもつ個別性や固有性をとらえると同時に，実践を発展させる普遍的な意味や契機を共有するためにも理論は求められます．

　こうして実践によって生み出された事実から理論をつくり出し，その理論を再び実践のなかで吟味するという不断の取り組みには，教育実践の記録を綴り，その記録を読み合うという共同の営みが欠かせません．実践を言葉にするというのは，次々と過ぎ去っていく時間に節目をつくり出し，その時々の子どもの姿や自らの働きかけを振り返る営みです．教育実践は意図的で価値的な営みですから，教師の判断や働きかけに迷いや失敗が伴うのは当然です．むしろ，教師は目の前の子どもの姿を通して自らの迷いや失敗と真摯に向き合うことで子ども理解を深め，子どものねがいに応える教育実践を進めていくことができるのです．このように教育実践の価値や成果は，子どものねがいとこれをつかもうとする教師のしごとに即して検証されるべきものです．ですから，教師が実践記録を綴り，これを仲間とともに読み深め合うということは，子どものねがいに依拠して実践の意図や方法をとらえ返し，そのねがいを実現する手立てをつかんでいくという，それ自体が教育実践のプロセスに位置づく営みなのです．

　また，実践記録には実践の悩みや課題を他の人にも一緒に考えてほしいという実践者のねがいが込められています．実践記録は他の人に読まれて多様な見方や考えが示されることで，その時には気づけなかった事実を意識することができたり，実践の意図がより深く自覚されることがあります．

　このように実践記録を集団的に読み合い，実践を話し合うためには，自らの思いや悩みを安心して話すことができ，お互いの意見を尊重し合える仲間

が必要になります．仲間への信頼があるからこそ，ときに厳しい批判や緊張感のある論議もできるのであり，そうした集団的な討議を経ることで実践はより深く掘りさげられていくのです．

＊　＊　＊

　本書では「教師のしごと」の奥行きと広がりを確かめ，教育実践を語り合うための枠組みとして4つの章を構成し，13篇の実践記録を収録しました．

　第1章「障害の重い子どものねがいを聴き取る」では，重い障害とともに生きる子どもたちとの教育実践を通して，子どもが生きることを支え励ます教育の役割が追求されています．重い機能障害ゆえに内面を表現したり，持てるちからを発揮することが制約されやすい子どもたち．教師は，そうした子どもが心地よさと安心を感じられる生活をつくり，子どもとの関係を成立させながら，心揺さぶられ手応えのある経験を組織していきます．子どものねがいを聴き取るというのは，障害ゆえにもたらされる苦しみや辛さ，不安に心を寄せながら，そこに隠れたねがいをつかむことであり，発達の主人公である子どもへの信頼を厚くしていくことにほかなりません．重い障害のある子どもとともに生きる家族の生活の重みを受けとめ，保護者のねがいや苦悩に学びながら，ともに子どものねがいを確かめ合うことは，子どものねがいを生活史において理解することにつながります．重い障害のある子どもがねがいをもって生きる姿に信頼を寄せる人の存在を支えとして，子どもは自らの人格を育み，豊かな生活がつくられていきます．

　第2章「からだと心をひらき文化を手渡す」では，子どもが自分づくりや生活づくりを進めていく姿を見つめながら，子どもに手渡したい文化の中身を問うています．子どもは，自分の心とからだと向き合い，生活を見つめ，他者や社会へと自分をひらいていくことで，障害のある自分をかけがえのない存在として理解していきます．そして生活の中で感じる楽しみや喜びを仲間と分かち合いたいとのねがいは，子どもたちを文化の世界へと誘います．教師は，新たな世界に憧れる子どもたちに応えて値うちのある文化を手渡し，毎日の生活の中に発達に必要な文化を埋め込んでいきます．そうした生活が学校生活全般にわたって豊かに組織されていくことで，子どもは生活の

主人公となり，生活の質を高めていくちからを育んでいきます．子どもが文化を我がものとすることで新たな自分と出会い，仲間とともに新たな世界を拓いていく学びや生活を実現するためには，教師一人ひとりが個性を発揮することのできる教職員集団の自治と共同が必要であり，教師自身が文化を享受し，その値うちを深める教材研究が保障されなければなりません．

　第3章「仲間とともに学びあう子どもたち」では，「仲間とつながりたい」「ともに学びたい」という子どもたちのねがいに応える実践のなかで，一人ひとりの育ちが集団の育ちにつながっていくすじ道が探究されています．子どもたちが人間関係を結んでいくうえで，子ども同士をつなぐ魅力的な文化や活動が欠かせません．子どもたちは，憧れをたぎらす文化や夢中になれる活動に媒介されて自分の気持ちを表現したり，相手の思いやよさに気づいていきます．そして仲間と取り組むことの楽しさを味わいながら，仲間への信頼を育んでいきます．交流・共同教育においても，通常学級の子どもたちが障害のある子どもたちが生き生きとちからを発揮する姿に心を揺り動かされ，やりがいのある活動にともに取り組むことで，かけがえのない仲間としてお互いを認め合っていくことが大切にされてきました．どの子もありのままの自分を出すことができる安心感，一人ひとりの持ち味やちからがうんと引き出されるような活動が豊かに保障されてこそ，子どものねがいが響き合う集団はつくられていきます．

　第4章「子どもと向きあう教師たち」では，教師のしごとのうちに，子どもと向き合う一人ひとりが発達保障の担い手として育ち合える学校づくり・地域づくりが展望されています．学校づくりには，子どもの姿について話し合いながら教育へのねがいを束ねていくことのできる教職員集団づくり，ともに悩みながら子どものねがいを確かめ合える保護者との協同が欠かせません．教師も保護者も未熟さを抱え揺れ動くからこそ，一人の人間として発達することが保障されなければなりません．教師や保護者にとって信頼と共感の関係が築かれてこそ，学校は子どもの権利保障と発達保障の場となります．また「学校づくりは箱づくりではない，民主的な地域づくりである」（京都府立与謝の海養護学校）という思想はインクルーシブ教育の時代にも

受け継がれて，障害のある子どもを大切にする地域をつくる砦としての学校の役割が追求されています．子どもに合った学校づくりが実現していくことで，障害のある子どものねがいをわかろうとする人びとの共同の輪が広がり，地域や社会のなかに障害のある子どもの権利保障と発達保障の仕組みもたしかに根づいていくのです．

＊　＊　＊

　本書に収録された実践記録には，子どもの姿やねがい，教師の意図や取り組みが個性豊かに綴られています．そこに付された批評のように，それぞれの教育実践の意味や価値は，読み手一人ひとりの実践経験や思いに照らして多様に読み解かれるものです．ぜひとも仲間とともに一つひとつの実践記録を読み合い，お互いに感じたことや考えたことを交流し合ってください．そして，他の実践記録にも通底し，自分たちの実践とも響き合う障害児教育の値うちを語り合ってください．実践記録に書き込まれた実践者のねがいや苦悩は，その記録を読み合う人のねがいや苦悩とどこかでつながっているはずです．そのことを実感できる時，子どものねがいに応える教育実践への希望をつかむことができるのではないでしょうか．

　目の前の子どもの姿や教育の事実を自分の言葉で綴ること，子どものねがいと教育の値うちを語り合うことが，障害のある子どものねがいに応える生活をつくり出し，子どもの発達を豊かに実現していく揺るぎない足場を築きます．実践を綴り語る言葉の深まりに応じて，障害のある子どものねがいをわかろうとし，そのねがいを実現しようと努力する人びとの共同も広がっていきます．

　ぜひとも，本書を携えて教育実践を語り合う場をつくり，仲間を誘い合ってそこに参加してください．本書が，教育実践を綴り，語ろうとする一人ひとりを結びつける役割を果たし，そのことによって学び合う仲間が広がり，教育実践の記録が新たに紡ぎ出されていくことを願っています．

2021 年 9 月

河合隆平

●**実践記録初出一覧**（「障害者問題研究」掲載巻号と刊行年月）

第1章　障害の重い子どものねがいを聴き取る

鈴木輝子「ボク描きたい　病院訪問における重症児の伝えようとする力を育て
　　　　　る」　　　　　　　　　　　　　　　　　第42巻1号，2014年5月

南　有紀「関係者の支えあいの中で育つAくん　在宅重症児のニーズに応える
　　　　　関係機関との連携」　　　　　　　　　　第45巻4号，2018年2月

阿部直俊「ユウくん，一緒に歩こう！」　　　　　　第43巻1号，2015年5月

第2章　からだと心をひらき文化を手渡す

野津　保「自己認識を深めることを主体性の育ちに　『ぼくの電動車いす』の
　　　　　実践から」　　　　　　　　　　　　　　第42巻4号，2015年2月

鶴町喜代子「言葉の力を豊かに育む授業　中学部1年生のグループ学習（国語
　　　　　科）による絵本づくり」　　　　　　　　第44巻2号，2016年8月

松本将孝「みんなでつくりあげる音楽発表会」　　　第45巻2号，2017年8月

大前　学「ぶちあわせ太鼓の中で育つ子どもたち」　第46巻2号，2018年8月

第3章　仲間とともに学びあう子どもたち

小島貴子「激しい偏食をもつりんちゃんと仲間たちの3年間」第43巻2号，2015年8月

箕浦啓太「『牛とともに』拓く教育」　　　　　　　第45巻1号，2017年5月

与倉麻美「"たけのこと仲間たち"で取り組んだ『龍神太鼓』」第47巻1号，2019年5月

第4章　子どもと向きあう教師たち

塚田直也「子どもは，『伝えたいこと』をもっている！　子どもから学び，同僚と
　　　　　ともに悩みながら進めた1年間の実践を通して」第43巻4号，2016年2月

村上　徹「町のありようを障がいのある人と共に考える」　第42巻2号，2014年8月

鈴木こずえ「教員としての25年の歩みと育ち　子ども，保護者，同僚，自分と
　　　　　の出会いの中で」　　　　　　　　　　　第44巻1号，2016年5月

第 1 章

障害の重い子どものねがいを聴き取る

ボク描きたい

重症児の伝えようとする力を育てる

鈴 木 輝 子

はじめに

　Hくんは，病院で週5日1コマ1時間～1時間15分の訪問教育を受けている小学部3年生．4歳の時に髄膜炎を患い，その後遺症のため呼吸器を使用し，経管栄養，定時吸引が必要となった．入学時，病院からは「脳死に近い状態」「視覚・聴覚・言語は障害有り．触覚・味覚・嗅覚・前庭覚は不明．随意的な動きは見られない．コミュニケーションは不明．体に触れると足をバタつかせる反射がある．音楽を聴かせたり，ボールに触れさせると足を動かすことがある（反射か随意的な動きかはわからない）」との申し送りを受けた．そんなHくんが，授業を進める中で，働きかけに対して「反射ではなく意思をもった反応では」と思える自発的な動きを見せるようになった．そしてHくんは，わずかに動かせる身体を精一杯動かして，思いを表出するまでになったのである．そのことでHくんの病棟での存在感に変化が生まれた．その経過を報告する．

1　授業での様子とHくん理解

　入学式の時，自己紹介はすませていたが，授業初日2回目の自己紹介をした．「忘れちゃったかな，覚えていないかな？」と言うと，見る見る顔が赤

くなった．オヤッと思いながらも「そうだよね．覚えているよね，ひどいこと言ってごめんね」と謝ると，赤味が薄れた．この一連の反応を見て，「もしかしたら，こちらの言うことがわかっているのでは？」と半信半疑ながらも思った．

　だが，この日以降は，特に意思が感じられるような反応は見られない日々が続いた．そんな5月18日のこと．「ボールで遊ぼうね」と左手をボールに乗せて待つと，人差し指がゆっくりわずかに動いた．「そうだね！　ボール動かそうね！」と言葉をかけると，再び人差し指が数ミリ動いた．「上手，上手，もう一度やって見せて」と言うと，今度は親指が数ミリ動いた．こちらの言葉に応えるように，3回指を動かしたのだ．

　このことから，「Hくんは何かしら感じているのでは！」「意識があるのでは！」と，私は思った．

　そこで，改めて現在に至るHくんの状態を考えた．Hくんは，4歳までは健常児として育った．Hくんの認識や諸感覚も年齢相応に育っていただろう．4歳で髄膜炎を患い，意識不明になった時に，脳の活動が停滞・低下して"反応がない"状態になった．その後も病気のために身体機能を自発的に動かすことが難しくなった．随意的な動きが見られないので，周りからの言葉かけ等によるかかわりが希薄になった．そのことがさらに諸感覚の機能を低下させ，「反応しない・反応できない状態」になった．このような負の相互作用が続いて，現在に至っているのではと推測した．

　ずっと寝たきりで自分の身体を動かすことができず，身体に触れられるのはケアの時のみという状況の中で，身体感覚が薄らいでいくのは必然のことだ．まして受傷までの身体を動かしていた時間が短い幼児であれば，身体機能の発達も未熟であるため，感覚の薄らいだ身体を"一つのかたまり"のように感じているのではないか，身体イメージがきわめて薄い状態なのではないかと推測した．そのために，いろいろ感じていても表現する力が弱い状態にあり，どのようにすればよいのかわからないのではないかととらえた．そして，そのことが表現しようとする気持ちも弱くしているのではないかと考えた．

2 取り組みとHくんの変化

◆**伝えることができるようになってほしい**

　私は,「Hくんが感じていること,思っていることを,手を動かすことで周りに伝えることができるようになってほしい」と願った.それには,まず薄くなった手の感覚を呼び戻すために感覚機能の再学習をし,それをやりとりにつなげられるように大まかな指導のベースを考えた(**図**).

　実際の授業の中では**表1**のように取り組んだ.

　Hくんにかかわるうえで,常に心がけたことは,肯定的ストローク※,すなわち存在や価値を認めるような言葉かけ,働きかけで包むことであった.

　※ストロークというのは交流分析で用いられている用語で「相手の存在や価値を認めるさまざまな刺激」と定義されている.

　具体的には以下の4点である.

①誉めて励ます

・わずかでも手が動いたなら,それをがんばりと受けとめて賞賛し,さらにがんばれるように言葉をかける.

・がんばれない時は,無理にがんばらなくてもよいことを伝え,次にがんばれるように言葉をかける.

②根気強く待つ

・Hくんの身体状況を考えて,働きかけに応えるには時間がかかるものだという認識で臨み,ある程度時間をかけて待ち,反応が見られるまで,微妙な調整をしながら,何回でも,何日でも働きかけ続ける.

③動いたこと,動かないことに意味づけをし,全面的に受け入れる

・手が動いた時はその場の状況で「『そうだよ』って言っているんだね」とか,手が動かない時は「『ちがうよ』って言っているんだね」とか「『もうおしまい』って思っているんだね」などと,手を動かした理由・動かさない理由を推測して意味づけを行う.

・意味づけした内容は全面的に受け入れ,共感する.

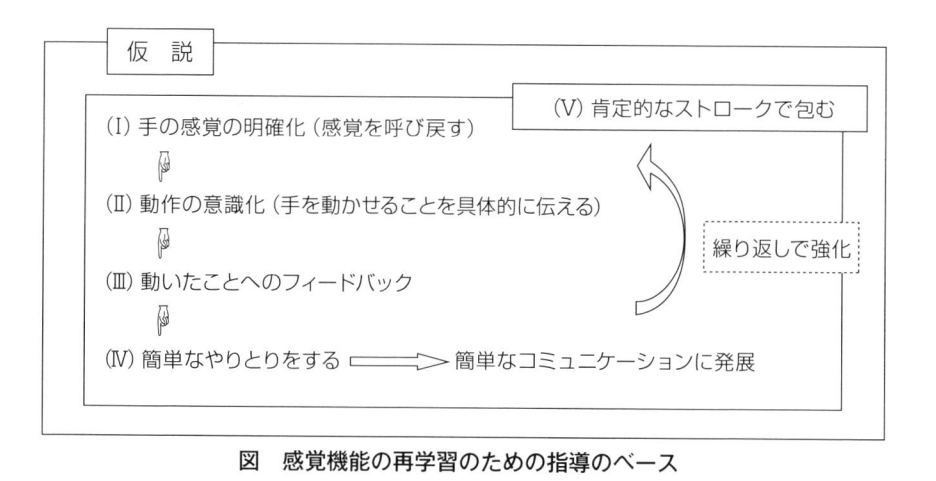

図　感覚機能の再学習のための指導のベース

表1　Hくんの授業の取り組み

時間		活動内容	ねらいと手だて
前半	身体の学習	（I）・静的弛緩誘導法「手」 ・ふれあいたいそう「ふあふあ」 （II）・ふれあいたいそう「REMAC」 ・手の具体的な動き	※全体を通して（V）肯定的なストロークで包む （I）手の感覚の明瞭化 ・首から肩・肘・手首・手全体・五指・手の平の部位を伝えながらなぞったり触れたりして，手のボディマップの再学習をした． （II）腕・手の動作の意識化 ・どのようにしたら手が動かせるのかということをイメージ化したボディイメージの再学習をした．
後半	メインの学習	（III）（IV） ☆Hくんが手を動かしたいと思える活動 ・絵を描く（線を引く活動） ・手紙やカードを書く（線を引く活動） ・絵本の読み聞かせ ・創作活動 ・ボール遊び ・楽器遊び　　　　他	（III）手が動いたことへのフィードバック ・動かしたことが実感できるように，動いた部位名を言い，動いていることを伝える． ・動きの入力を維持できるように示唆や励ましの言葉をかける． （IV）簡単なやりとりをする ・手を動かしたときは「はい．そうです」，手を動かさなかった時は「いいえ．違います」というルールを決め，活動の選択や季節・行事等の簡単な質問をして授業を展開した．

④称賛する時には身体に触れる

・誉める時には，拍手とともにスキンシップを行う．

・授業の最後には，がんばったことを，おでこを撫でながら誉める．

　4点を通じ特に大事にしたことは，身体および心理状態に共感し寄り添うことである．Ｈくんの今の状態や状況を言葉で表現し，こちらがＨくんのことをわかっているということを伝え，Ｈくんの気持ちを支えるようにした．

◈Ｈくんの動きを受けとめる

　その後の取り組みは次のようなものだった．

5月19日　昨日と同じような反応を期待して，この日も同じようにボールを使ったかかわりを行ったが，全身ピクリとも動かず，まったく反応はなかった．昨日の左指の動きは幻だったのだろうか…と意気消沈した．

5月20日　昨日の無反応は，18日にがんばって指を動かしたので疲れたからかもしれないと気を取り直して，この日から「手が動くようになるといいね」という気持ちを込めて，言葉をかけながら手の意識化に取り組み始めた．

5月24日　左手への‘ふれあいたいそう’の後，左手をピーンと伸ばすような動きが1回見られた．Ｈくんに手の動きを伝え，誉めた．

5月25日　この日は左手にパルスオキシメーターを付けていたため，右手に‘ふれあいたいそう’を行った．絵本『おおきなかぶ』の読み聞かせを行い，かぶを抜くのを手伝ってほしいことを伝えると，かぶが抜けた場面になった時に右腕全体が動いた．場面に合わせるように手が動いた⁉…明日は待つ場面を作って確認しようと思った．

5月26日　右手へのかかわりを行った．『おおきなかぶ』の最後の場面でＨくんに手伝ってほしい旨を伝え「手を動かしてね」と言って待っていると，昨日同様右腕全体を動かした．「ありがとう．大きなかぶは抜けました」と言うと，しばらくして再び右手を動かした．Ｈくんが喜んでいる⁉…と感じ，かぶが抜けたことを一緒に喜び，手伝ってくれたことを誉めた．

5月27日　前日同様の流れで進めたが，なかなか手は動かず「おおきなか

ぶ」の歌を歌いながら待ち続けること約5分. 右手が動いた.

5月31日　左手へのかかわりを行った. かぶ抜きを手伝ってもらうと2分くらいで左手の肘から先をピーンと伸ばすように動かし,「とうとうかぶは,抜けました」と言うと再び同じように左手を動かした. こちらの働きかけに応えるように2回手が動いた. 偶然や反射ではなく, Hくんが確実に手を動かしている‼ と思った.

　24日の1回の手の動きには, 取り組み始めて日が浅いことなどもあり, Hくんが意図的に動かしたという確証はなかったのだが, それでもHくんの動きを大切に受けとめた. 意図的な動きであろうとなかろうと, 反応を受けとめることが大切だと思ったからである.

　25日の教材は, 小1であることや繰り返しの展開でわかりやすいこと, Hくんがヒーローに憧れていたことなどの理由で『おおきなかぶ』を選んだ. 読み聞かせを進めると, 言葉かけに応えるような動きが見られ, それは日を追うごとに確かな手応えになっていった. Hくんが意図的に手を動かし始めていると思った. 徐々にではあるが手の感覚や入力感の再学習ができてきていると思った. そして, Hくん理解は間違っていなかったと, この取り組みを進めることでHくんは手を動かして思いを伝えることができるようになると, 思った.

　この後も, 授業中に1〜3回ほど, 言葉かけに応えるような手の動きが見られる日々は続いた.

◆Hくんの状態を伝える

　6月下旬, 職員室で同僚が言った「今の状況に一番驚いているのはHくん本人だよね」という言葉に, ハッとした. そして私は,「Hくんに意識はある」と同僚たちに言いながら, Hくんの今の状況や今に至った経緯を本人に説明していないことを反省した. そして, いつか機会をみて説明しなければいけないと思った.

　9月9日. 覚醒していて, 手が比較的よく動いていた. 体調も安定しているようであったので, Hくんが病気になったこと, そのために身体が動かな

くなったこと，この病院に入院したことを話した．そして，今の状態について尋ねてみると，次のような返事が返ってきた.

　鈴木：Hくんは，今，眼が見えなくて真っ暗い中にいるのかな？

　H：左手をピクンと動かした.

　鈴木：そうだよね．おめめ見えないから，真っ暗なんだよね．…Hくん，独りだと思っている？

　H：左手をピクンと動かした.

　鈴木：Hくんは独りじゃないよ！　Kさん（担当看護師）も先生もいるよ．お友だちも周りにいるよ.

　H：反応なし.

　鈴木：Hくんがね，手や足を動かすと，Hくんはここにいるってわかるよ．先生やKさん，お母さんは見ているよ．だから．がんばって動かしてね.

　H：（やや時間をおいて）左手をピクンと動かす.

　Hくんの1回目，2回目の反応を見た時，胸が締めつけられるように切なかった．ただひたすら，独りではないこと，Hくんと一緒にいるよ，ということを伝えたい思いで言葉をかけ続けた．このやりとりの後は，いつものように授業を行った.

　授業終了後，病棟を出ると堪えていた涙がこみ上げてきた．あんな小さな子が「暗闇の中に独りだ」と感じて生きてきたかと思うと，どんなにか寂しく，不安で，心細い思いをしただろうと，涙が止まらなかった.

　そして，9月10日．絵を描くかどうか尋ねると，左手を動かして「かきたい」ことを伝えてきた．マジックを一緒に握り，紙を固定したボードをマジックの先端に押し当て軽く圧をかけ，ゆっくり静かにHくんの左手を動かした．すると，少しして，Hくんの手の動きが感じられた．すかさず「すごいなあ．動いているよ．がんばれ！」などの称賛や励ましを送った．Hくんはそれに応えるように少しずつ手を動かし，一人で線を引き始めた．数ミリ線を引いては止め，そこからまた数ミリ線を引くことを繰り返し，2センチ弱の線を引いた．ややおいて，手を上に持っていき，下に向かって再び線を

引き始めた．動きが止まった時は，友だちが応援していることを告げると再び手を動かし，ゆっくりと長短3本の線を引いた．その後，手がピタリと止まった．描き終えたのだなと理解し，「よくがんばったねぇ！」と誉めた．すると，『まだ終わりじゃないよ』と言うように手を動かし，再び線を引き始めた．その様子を見て，自分の描いた絵には自分の名前を添えたいだろう，小学1年生であれば最初に書きたい文字は自分の名前であろうと考え，「○○○って，お名前，書くのかな？」と確認半分，促し半分で言葉をかけた．Hくんは，短い線を3本書いた．その後，手の動きが再び止まった．疲れたのかなと思いながらも，少し休めばもう少し動かせるかもしれないと思い，「○○○○って名字も書こうか」と促してみた．しかし，手は止まったままだった．「疲れちゃったかな？」と聞くと，『そうだよ』と言わんばかりに，右足を蹴るようにバンと大きく動かした．動画を撮っていた同僚が，「わかりやすい子だ」とつぶやくほどはっきりした意思表示だった，

　この日（9月9日）をきっかけに，問いかけに応えるような手の動きが増え，担任以外の教師が声をかけても，手や足を動かして応えるようになった．

3　Hくん，ウルトラマンを描く

「お正月の遊び」という授業で，凧に絵を描くことになった．大好きなウルトラマンの絵を描きたいと言うので準備をしたが，手を動かさなかった．尋ねると「先生と一緒に描きたい」とのこと．一人でウルトラマンを描く自信がないのかなと思ったので，「いいよ．じゃあ，一緒に描こうね」と，気合いを入れて一緒に描き始めるがどうも上手く描けない．輪郭を描いては消して…3回書き直した．すると，3回目の絵を消している時に，Hくんは左手首をわずかに返すような動きをして，マジックを落とした．まるで「もうヤダ！」「やってられない！」「先生，いい加減にして！」と言っているようであった．私は「Hくん，ごめん，ごめん」と謝り，「先生，ウルトラマンを上手に描けないんだよ」と伝えた．そして「Hくん描いてみせてくれない

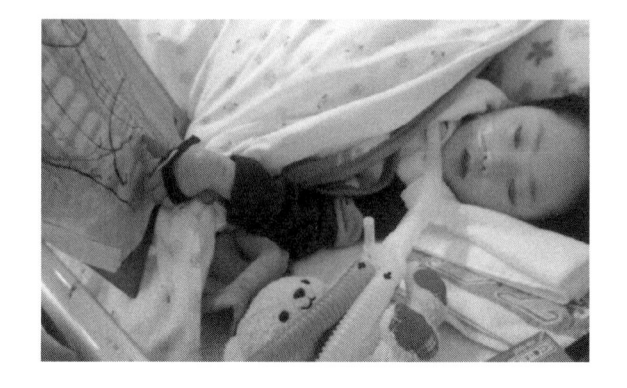

かなぁ」とお願いすると，左手をピーンと伸ばした．マジックを握らせて，ボードに付けたビニールの上にマジックの先を軽く押し当てると，右から左に向かってスーッと長い一本の線を引いた．「上手，上手」と誉めて，手の位置を右側に移動すると再び長い線を引いた．途中，何度かマジックの色を換え，たくさんの線を引いて，Ｈくんはウルトラマンを仕上げた．たくましいＨくんの様子が見られた一場面であった．**写真**はその時のものである．

　授業後，この凧をベッド横の壁に飾ってお披露目すると，数人の看護師さんが「ウルトラマン，上手に描けたねぇ」と誉めてくれた．看護師さんに誉められた最初の絵である．

4　Ｈくんにかかわる人たちの変化

　わずかずつでも手を動かして応えることが増えてきたＨくんに対して，看護師のかかわり方が変わった．入学当時は，日常ではもちろんのこと，ケアの時でさえも言葉をかけられることはなかった．しかし，小1の2学期後半頃から，数名の看護師ではあるが，Ｈくんの描いた絵を誉めてくれたり，言葉をかけてくれるようになった．

　そんなある日，一人の看護師ＮさんがわざわざＨくんのベッドに来て，話しかけてくれた．

　Ｎ：ウルトラマンとポケモンとどっちが好き？　ウルトラマンかな？

Ｈ：反応なし

　Ｎ：ポケモンが好きなの？

　Ｈ：反応なし

　Ｎ：…沈黙…どっちも好きなの？

　Ｈ：左手が大きく動く．

　Ｎ：そうかあ〜．どっちも好きなんだねぇ〜

　傍で見ていた私は，Ｈくんが２つ目の質問にも反応を示さないのでドキドキした．「やっぱり，言っていることがわかるわけではないんだ」と判断されてしまうと思った．しかし，看護師は第３の質問を与えて，Ｈくんの手の動きを引き出してくれた．このことは，Ｈくんが質問にきちんと考えて応えている，ということを示せたひとコマであった．

　また，オムツ交換後にＨくんが音声機器のスイッチを押して，「ありがとうございました」と伝えると，いつも冷静な看護師が，廊下に走り出て「ねえ，ねえ，来て，来て．Ｈくんが『ありがとうございます』って言ったの」と看護師２名を連れてきて，「Ｈくん，もう１回言って」と手を動かすことを催促した．

　このように看護師のＨくんへのかかわりが，わずかずつだが着実に広がっている．と同時に，何も伝えずに行われていた医療・日常生活のケア——突然酸素が入らなくなり痰を引かれる，突然身体を動かされることなどにＨくんは驚きと不安を感じていたと思う——で，「○○するよ」と言葉をかけるようになり，３年目にはケア途中でベッドを離れる時には，「〜だから，ちょっと待っててね」と説明するようになった．ケアが予告されることで気持ちの準備ができ，不安の軽減になるなど，Ｈくんにとって日常生活が過ごしやすいものになってきた．

　お母さんの「わが子を助けられなかった」という自責の念も和らぎ，遠慮がちであったＨくんへのかかわりが自然なものに変わった．言葉かけやスキンシップが増えたのである．Ｈくんにとっては何よりも嬉しいこと．

　２年生終了時には，看護師と作成するＨくんのプロフィールが表２のように改められた．健康面への変化は見られなかったが，「感覚・認知」の欄は，

「聴覚…聞こえている」「触覚…感じている」「体の動き…随意的な動きが見られる」「コミュニケーション…声をかけると手足を動かす．簡単な質問に対して左手を動かして応えることがある」に書き換えられた．看護師のHくんに対する認識が変わった証である．

まとめ

　小3の2学期には，Hくんは，初めての人がかかわっても手を動かして，簡単なやりとりができるようになった．

　Hくんの「手を動かして意思を伝えること」を可能にしたのは，Hくんが4歳までは健常児であったことが大きかったのではないかと思う．そして，①手の感覚の明瞭化と動きの再学習，②肯定的なストロークの積み上げ，③本人のやりたい活動の設定，の3点を大事にした授業を進めた結果である．なかでも②の存在や価値を認めるような言葉かけをし，身体および心理状態に共感し寄り添うことがキーポイントであったと，Hくんから教えられた．

　9月9日に，髄膜炎を患ってから今に至る状況をHくんに伝え，今の状態を確認し，共感し，「一緒にいるよ，独りじゃないよ」と伝えたことは，それ以後のHくんの行動ややりとりを引き出すきっかけとなる重要なことだったと思う．自分の今在る状態の説明を聞き，共感して寄り添ってもらえたことが，Hくんを孤独や不安，その他のいろいろな思いから解き放ったのではないだろうか．だから，話をした翌日に，一人で手を動かして線を描いたのであろう．

　Hくんとのかかわりを通して，存在や価値を認めるかかわり──孤独にさせないこと，自己喪失感をもたせないこと──がいかに大切かということを改めて実感した．そして，どんな状況でも可能性を信じて働きかけ続けることの大切さを実感するとともに，鈴木宏哉氏の「反射は意欲の始まりである」という言葉の深さを改めてかみしめている（1987年茨城県立友部養護学校研究会での講演「意欲の生理学的基礎」より）．私は，出会ったお子さんに一人の人間として，ひとつの大切な命として向かいあい，今後も子どもたちに教えてもらいながら歩んでいきたい．

表2　Hくんのプロフィール

〈入学時…2010年4月〉　記載：担当看護師

健康	疾病	・髄膜炎後遺症・尿崩症
	呼吸	呼吸器使用
	食事	経管栄養
	排泄	オムツ使用（全面介助）
	排痰等	痰，鼻汁，唾液を2時間ごとに吸引
	体温調節	難しい（夏でも電気毛布で34℃以上35℃前後を保っている）
	その他	・半開眼（眼球保護のため軟膏使用） ・両手第二指～第五指が屈曲，第一関節から変色．両足尖足傾向
体の動き		随意的な動きは見られない
感覚・認知	視覚	障害あり
	聴覚	障害あり
	言語	障害あり
	触覚	不明
	味覚	不明
	嗅覚	不明
	前庭覚	不明
コミュニケーション		・不明 ・体に触れると足をバタつかせる反射あり ・音楽を聞かせたり，ボールに触れさせると足を動かすことがある

〈2年生終了時…2012年3月〉記載：担当看護師，担任

健康	疾病	・髄膜炎後遺症・尿崩症
	呼吸	呼吸器使用
	食事	経管栄養
	排泄	オムツ使用（全面介助）
	排痰等	痰，鼻汁，唾液を2時間ごとに吸引
	体温調節	難しい（夏でも電気毛布で34℃以上35℃前後を保っている）
	その他	・半開眼（眼球保護のため軟膏使用） ・両手第二指～第五指が屈曲，第一関節から変色．両足尖足傾向
※体の動き		随意的な動きが見られる
感覚・認知	視覚	障害あり
	※聴覚	聞こえている
	言語	障害あり
	※触覚	感じている
	味覚	不明
	嗅覚	不明
	前庭覚	不明
※コミュニケーション		・声をかけると手足を動かす ・簡単な質問に対して左手を動かして応えることがある

※…変わった部分

Hくんが意図的に手を動かすことができるようになったことで，看護師やお母さんのかかわり方に変化が見られ，Hくんにとって過ごしやすい環境が作られるようになった．これからも作られ続けるであろう．これは，ずっと病院の一室で生活していくHくんにとって，とても価値あることであると思う．

　最後にHくんのお母さんの手紙を紹介する．

　Hが生まれたのは平成15年の6月．なかなか子どもに恵まれなかった私たち夫婦にとって，5年間の不妊治療の末にようやく生まれてきてくれた大切な大切な子どもでした．Hが髄膜炎という病気にかかったのは4歳半の時．それまで風邪もめったにひかない丈夫な子だったのに，発病からたった数時間で，意識不明，そして数日後には医者からほぼ脳死の状態であり，回復の見込みはゼロであるという宣告を受けたのです．余命も数週間から数ヵ月で，一年は無理でしょうと言われました．当時の私は本当に苦しくて，ただただHをしっかりと看取ってあげなくてはいけないという気持ちだけで生きていました．そして見送った後には自分も一緒に逝ってしまいたいとも思っていました．しかしHはがんばって生きてくれました．数ヵ月後には手や足が少しずつ伸びをするような動きをはじめましたが，医者からは筋肉の反射の動きだと説明され複雑な思いでした．ただ正直いって，回復するのが無理であるならHには何もわからないまま眠った状態でいてほしいと思うことも多かったのです．もし少しでも意識があって，「痛い」「苦しい」「寂しい」などの感情があっても伝えられない状態にあるということは，私にはとても耐え難いことだったのです．果たしてこのような状態が長く続くことがHのためになるのだろうかと思い悩みながら2年が過ぎ，HはK養護学校の訪問教育に入学することになりました．そしてこの先生方との出会いで，徐々にHに変化が起こりました．先生が毎日辛抱強く話しかけ，体を触り．たくさんの刺激を与えてくださったことで，手足の動きが大きくなり，話しかけに答えるような動きを始めました．それはとても筋肉の反射という言葉では説明がつかないようなこ

とで，看護師たちも驚いているようです．さらにそれまで尿路感染など頻繁に体調を崩しがちで不安定な状態だったのですが，気がつくとそのようなこともほとんどなくなってきています．2年前には考えられなかったことです．このHのがんばりは，私たち家族の気持ちも変えてくれました．すべてを前向きに受け止めることができ，今はHが一生懸命に学習し，意識があるように反応してくれることが嬉しいです．Hは来年は3年生になります．少しずつまた彼の世界が広がり，ゆっくり成長していってくれればと思います．未来は明るいと信じ，これからも学校に助けていただきながら，家族全員でHに寄り添って生きていきたいと思っています．

2012年2月　H母

文　献

小川原芳枝（2009）障害の重い子とともにことばを育む．学苑社．
立川　博（1987）静的弛緩誘導法．御茶の水書房．
友部養護学校の実践Ⅳ　1990年度．

　2014年10月，Hくんは天に旅立ちました．今回，私がこの実践記録を本書に収録することに同意したのは，Hくんが病とたたかいながら，一生懸命に生きた証を残したいと考えたからです．

子どもの現在を過去・未来とつないで理解し展開した実践

茂 木 俊 彦

　鈴木輝子さんは，茨城県立特別支援学校で訪問教育を担当しているベテラン教師である．この報告で取り上げている事例は，4歳の時に髄膜炎にかかり，経管栄養，定時吸引が必要な状態となった重症児Hくん（記録の執筆時，小学部3年生の男児）である．入学時の病院から情報では「脳死に近い状態」で，諸感覚の機能状態は不明，随意的な運動は見られないとされていた．

◆実践記録批評の前提

　一般に教育実践記録の批評は，批評者の子ども観，実践観，教師観などの影響を避けることができない．そのため，ある実践およびそれを綴った実践記録の，それぞれについての評価に，批評者による差異が生じるのは自然なことである．したがって，批評それ自体をめぐる討論がなされることもまた重要である．このことを前提に，鈴木さんの実践とその記録についての私の見解を述べる．

◆いまを見つめ，過去を振り返り，未来の仮説をたてる

　重症児に取り組む教育実践は，教育の目標設定も内容・方法の選択も容易ではない．教師は子どもと向き合いながら，まずは子どもの「現在」が充実することを願って，観察したり働きかけたりする．その結果，子どもの表情

がやわらかくなる，目の動きがはっきり見られるようになる，口元がほころ
ぶ，声がでる，身体全体の筋緊張が低下する等々の変化が認められる．だ
が，それらが当該児の「現在」の充実の証しであるのかどうかは，即座には
判断がつかないこともある．

　教師は自分の働きかけと子どもの変化のどれかとの対応関係を把握できた
時に，一つには子ども自身における生理的・運動的・心理的等の機能の活性
化を確認し，他方では，自分と子どもの関係が成立または深化したのではな
いかと期待する．しかし，重症児に取り組む場合，筋緊張の亢進が，人が通
常考えるように，本人の嫌だとか怖いとかの感情の表現であるとは限らず，
むしろ喜びの感情の身体レベルでの表現なのだという例も少なくない．また
笑ったように見えたものが，てんかん発作によるものであったということも
ある．それゆえ教師は，取り組んだその時にではなく，その後の継続した取
り組みのある時点で，子どものあれこれの表現の意味を把握しなおすという
こともある．

　鈴木さんは，授業初日の自己紹介の場面のやりとりの中で，Hくんの顔が
見る見る赤くなったことに気づき，「もしかしたら，こちらの言うことがわ
かっているのでは？」と思った．鈴木さんはこれを，Hくんに理解力と意思
があるのではないかと受けとめ，この問題意識を持続させ，1ヵ月以上経過
した5月18日，「ボールで遊ぼうね」という働きかけに，指を動かして答え
るHくんの姿を見出す．

　ここでは，この子にも感情，意思，種々の能力が潜在しているはずであ
り，それを見出すのは教師としての課題であり，もっと言えば責任だとい
う，鈴木さんの認識が重要な役割を果たしているのではないかと思う．この
ような認識なしには，そもそも子どもの微妙な変化は，子ども理解へと発展
する「気づき」とはならない．もちろん，このような鈴木さんの認識は，彼
女に固有のものではなく，重症児の発達保障をめざして真剣に取り組む全国
の教師に共有されてきたものだ．

　しかし私がこの実践のもっとも大事なところだと思うのは，「そこで，改
めて現在に至るHくんの状態を考えた」ところから，「そのことが表現しよ

うとする気持ちも弱くしているのではないかと考えた」までの記述であり，そこで鈴木さんが行っている，Ｈくんの諸機能の低下とまわりからの働きかけの不足が，相互に負の方向で規定しあい，Ｈくんの身体イメージを薄くしてしまっているのではないかという考察である．この考察が，鈴木さんの設定した実践目標および方法，すなわち「肯定的なストローク，すなわち存在や価値を認めるような言葉かけ，働きかけ」でＨくんを包む方法の選択につながっている．①誉めて励ます，②根気強く待つ，③動いたこと，動かないことに意味づけをし，全面的に受け入れる，④称賛する時には身体に触れるという４点が重視され，さらに「Ｈくんの動きを受けとめる」方法ないし課題も自覚される．

　そして，鈴木さんはさらに，Ｈくんに彼自身，暗闇の中で独りぼっちではないことを伝える．鈴木さんはもちろんのこと，友だち，同僚教員，病棟職員などもいて，その中に，あなたはいるのだということを伝えていく．その翌日にＨくんは「一人で手を動かして線を描いた」．これに関連したことが，「まとめ」に次のように書かれている．「髄膜炎を患ってから今に至る状況をＨくんに伝え，今の状態を確認し，共感し，『一緒にいるよ，独りじゃないよ』と伝えたことは」，「Ｈくんを，孤独や不安，その他のいろいろな思いから解き放ったのではないか」，そしてＨくんは一人で線を描くに至ったのではないかと記されている．

　このことは，教育実践においては，子どもを過去との関係において理解し，同時にその理解を，これから展開する実践の課題の設定，方法の選択，取り組んだ結果として見出すことになる子どもの能力と人格の発達の展望，つまり未来の姿を，可能な限り鮮明に描き出すことにつなげていくことが大切なのだということを示している．

◆大人たちを変えたＨくん

　Ｈくんの変化は，看護師などにも伝えられ，その認識と行動の変化をつくりだしていった．看護師が当初に抱いていたＨくんのイメージは，根本的にと言えるほど変化し，また感情も意思もあるとわかったところから，ケ

アの仕方の変化も自然にもたらされる。またHくんの変化は、母親をはじめ家族の気持ちも変えていく。

　鈴木さんの実践は、先に述べた「相互に負の方向で規定しあい、Hくんの身体イメージを薄くしてしまっている」状態から、Hくんを変え、まわりの大人たちを変え、それによって「相互に正の方向で規定し合う」関係をつくりだしたことになるのではないかと思う。

◆教育実践を深化させるために

　最後に実践または実践記録について、少しだけ問うておきたい。鈴木さんの実践記録は、記録に見る限り、いわゆる「教材」についての位置づけがやや弱いのではないかという感想をもった。それは実践がそうであったのか、それとも実践記録に与えられた紙幅の関係のためであるのか。

　鈴木さんは、立川博氏による「静的弛緩誘導法」に相当程度依拠し、方法の選択の際に取り入れて実践的な効果をあげている。そのためか「手を動かす」等にかかわる記述は詳細である。これにはおおいに学ぶところがある。しかし同時に、子どもの障害が重度・重症である場合でも、授業でどのような教材を、何のために取り上げるのかが重要な問題である。この実践記録では、『おおきなかぶ』を取り上げ、その読み聞かせがなされたことは記されている。だが、語り聞かせ、読み聞かせ、音楽、からだづくり等々、時と場合に応じてもっとたくさんの教育内容、教材が提供されていたということは、なかったのか。それとも、あったのか。また実践記録としては、たとえば「Hくんがヒーローに憧れていた」という記述は、やや唐突でわかりにくい。ヒーローに憧れていたことが判明したのは、いつ、どのような場面でのことなのか、ヒーローに憧れることに表わされているHくんの心性は、どのようにして形成されてきたものか、それは実践にどう生かされたのかといったことは、Hくんとの鈴木実践のいっそうの理解のためにも、もう少し詳しく述べてほしかったところである。

関係者の支えあいの中で育つＡくん

在宅重症児のニーズに応える関係機関との連携

南　　有　紀

はじめに

　本稿は2016年度まで訪問教育の担任としてかかわってきた事例の報告である．訪問教育では，施設内・病院内・在宅のいずれに訪問する場合においても，対象となる重症児のニーズに応じた医療や福祉等の関係機関との連携のあり方が課題となる．しかしながら，個々の事例によって必要となる連携のあり方が異なるため，対象児のニーズに対応する具体的な課題の共有を図りにくい面がある．また，医療・福祉・教育・家庭の連携が重要であることは自明のことであるものの，私は訪問教育の担任として，医療や福祉と教育は，基本となる科学が異なり，重症児への対応としてそれぞれで重視する事項が必ずしも同じではないことを日々実感してきた．そのため，教育・医療・福祉がそれぞれの専門性を活かしつつ，対象となる重症児の発達を保障するための連携のあり方を絶えず追究しなければならないと考える．これらを念頭に報告し，医療や福祉等とは異なる教育の専門性は何かについても検討したい．

1　Ａくんのプロフィール

◆Ａくん　男子　在宅訪問生

（小3進級時に転居により転入．私は2014年〜2016年度　小3年生から小5年生まで担任）

　Aくんは溺水事故による低酸素脳症であり，人工呼吸器によって呼吸管理（自発呼吸はない）されている．全身の緊張が強く，自分の意思で動かすことが可能なのは舌と眼球のみで，四肢末梢の変形拘縮が進んでいる．健康状態は比較的安定しているものの，体調が崩れると呼吸状態が不安定になり，心拍が一気に上昇する．また，注入速度を速めるとダンピング症状で，急激に心拍が上昇して呼吸状態が悪くなることがあり，1回の注入に2時間以上かけている．

　サービス利用の状況と生活は**表1**，授業の流れは**表2**の通りである．

　私が授業で大切にしてきたことは，次の3点である．

①話しかけに対し，顔やからだの動きがあれば返事として受けとめ，ことばで返していく．

②できるだけ選択場面を作り，口の動きを中心にサインを待つ．

③ふれるときは必ず予告する．

2　Aくんの歩み

◆舌の動きでやりとりを始めた3年生

　Aくんは小3進級時に転居により転入した．転入当初，私はAくんがどのように外界をとらえているのか把握できなかったものの，前籍校から「話しかけに口唇・舌をわずかに動かす様子が見られる」と引き継ぎを受けていたため，話しかけに対し舌や口唇を動かした時に「お返事だね」と意味づけてきたところ，明確な舌の動きが見られるようになってきた．

　5月のある日，フェルトの数字を貼ったカレンダーボードを目の前に提示すると，突然目を大きく開けて，舌を繰り返し突き出した．見ると，フェルトの数字が一つはずれて，Aくんの胸の上に落ちている．音もなく突然消えたフェルトの数字にびっくりして，大慌てでそのことを伝えようとしてくれたようだった．「数字が落ちたの，びっくりした？」「先生に落ちたよって教

表1 一週間の予定

	月	火	水	木	金
午 前	ホームヘルプ 訪問教育 訪問PT	入浴 サービス	ホームヘルプ	ホームヘルプ 訪問教育	入浴 サービス
午 後		訪問教育			
	ホームヘルプ				

ほかに月7日程度ショートステイ．月1回主治医訪問診療．
＊医療・福祉のサービスは全て一法人の事業を利用している

表2 授業の流れ

活　動	内　容
健康観察	バイタルチェック　聞き取り
はじめの会	スイッチで進行
手あそび・歌	からだにふれる ギターで歌い聞かせ
今日の活動	制作　調理　お話あそびなど
運動	四肢・体幹の緊張緩和を図る
終わりの会	ふりかえり

えてくれた？」と聞くと，また繰り返し舌を動かした．6月にははじめの会のあいさつや呼名に対し，しっかり舌を突き出すようになった．「そのお返事よくわかるね」と言うと，"ここ一番"の返事には，舌をしっかり突き出すことが増えてきた．

　見えていることがわかって以来，積極的に教材を目の前に提示し，選択する機会を設定してきた．絵の具の色や絵本の選択，使う道具を決める場面等で選択肢ふたつを目の前に提示して，指さしで「こっちにする？」とことばかけし，舌の動きが見られた方を選んだと受けとめ，「こっちにするんだね」と結果を返すようにした．

　学年の七夕会に向けて，短冊に書く願いごとをお母さんと3人で相談したところ，お母さんが「元気に過ごせますように」という願いごとを提案してくれたが，Aくんは突然全身に力を入れて，舌を繰り返し突き出し，担任の

方にぐっと眼球を動かした.「どうしたの？ ほかの願いごとがいいの？」とその様子を見て尋ね,「いろいろなことを体験したい, はどう？」と聞くと一度しっかり舌を突き出した. 自分の願いごとを勝手に決めようとした私とお母さんに腹を立て,「ちょっと待ってよ. ぼくの話を聞いてよ」と伝えてくれたのだと, お母さんと話し合った.

　2学期から, 手を使う活動時にベッドガードにアームをつけて, タブレット端末で手元を映して見せるようにした. 運動会に向けてひもを引っ張って新聞紙で作ったリンゴを落とす練習の時に使ってみたところ, 目の前のタブレットに視線を向けながら, ひもを持つ手に力を入れた.（**写真1**）これまでは上肢を動かすために「さわるよ」と予告しても, 緊張で全身に力が入ってしまっていたが, この時は腕や身体に力を入れずにひもをかけた手に力を入れていた. それまで四肢を自分でコントロールすることは難しいと思っていたが, 見えることで活動がわかって, 自分で力をコントロールできるという可能性が見えた. その後は「タブレットで手元, 映す？」と聞くと, 舌を突き出して返事するようになった. 鈴を手に持ち歌いかけられると, 手元の映像をタブレットで中継して見ながら, 自分で左手首を動かし鈴を鳴らし始めた. また, クリップのついた持ち手を持たせて両面テープの剥離紙をはがすために「引っ張ってね」と声をかけると, 手を動かすようになってきた.

　10月の予定を説明し, 行事で学校の友だちに会える機会があることを伝えると, 大きく目を開いて舌を繰り返し動かした.「楽しみだね」「早く行きたいね」と読み取って返すと, また返事をするように舌を突き出した.

◆大小や「終わり」がわかり始めた4年生

　5月から左手にハンドルを持ち, 相手とティッシュを引っ張り合って, ちぎれたティッシュが大きい方が勝ちという「ティッシュ相撲」を始めた. ちぎれたティッシュを目の前に提示して,「こっちが大きいね. こっちはAくんのティッシュだから, Aくんの勝ちだね」と声かけして勝敗を告げていたが, 6月の下旬, ひょっとしたら, と思ってちぎれたティッシュを見せて「大きいのはどっち？」と聞くと, 大きい方に眼球をぐいっと動かした.「こ

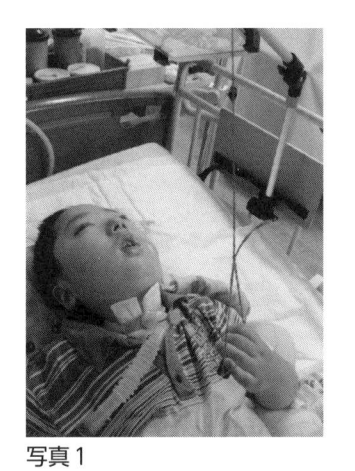

写真1

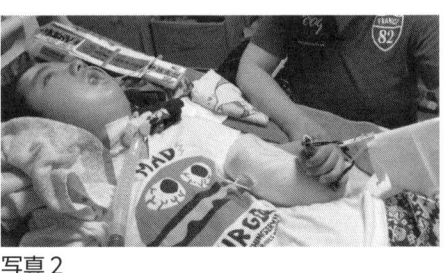

写真2

っちでいいの？」と聞くと，舌をはっきり動かした．「そうだね，こっちが大きいね」，さらに「この，大きい方は先生のだよ．じゃあ，勝ったのは先生かな？　Ａくんかな？」と聞くと，「先生」のところで舌を動かし，そして視線を私からそらした．「Ａくん，負けちゃったねえ．悔しいの？」と聞くと，また舌を突き出した．その後Ａくんは，月に1回訪問してくれる学校のPT（理学療法士）の先生に勝負を挑んだ．逆に担任とはあまりやりたがらなくなった．Ａくんの中に，対の世界がはっきりつくられていることがわかってきた（**写真2**）．

　11月，発表会の練習で，通学生の演奏の映像を見ながらキーボードを鳴らす練習をくり返し行った．3回目の練習の時，映像の中の先生の「ワン・ツー・スリー」という合図に，こちらに視線を向けてから手に力を入れてけん盤を押し，楽器の鳴らし終わりのところで手の力を緩めた．「Ａくん，どこでキーボード弾くか，わかったの？」と聞くと，舌を突き出して返事した．

　12月は毎年陶芸をする．陶芸用の粘土はあらかじめ温めておく．「去年はお皿を作ったけど，今年は何を作る？」と聞いたところ，いろいろあげた中で，茶碗で舌を動かした．大人ふたりがかりでＡくんの手を支えながら，紐状に伸ばした粘土を1段1段積み上げていった．「これでいいかな？」とＡ

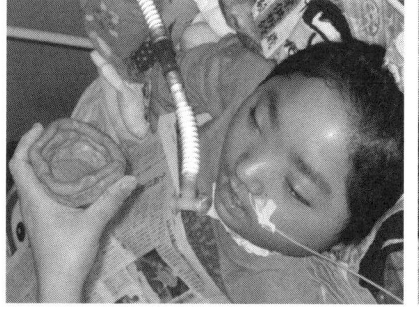
写真3

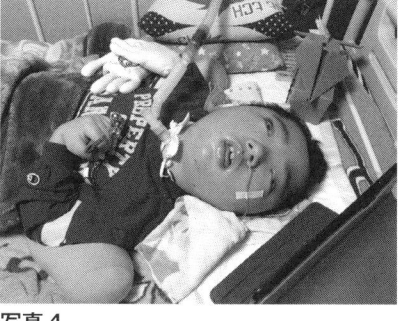
写真4

くんに聞くと返事をしない．「まだ，のっけるの？」と聞くと舌を動かした．
さらに2段積んだところで，「これでどう？」と聞くとはっきり舌を動かし
た．自分で制作の終わりを決めた（**写真3**）．

　1月は書き初め競書会に参加．3年生では紙の上で筆を動かすことが目的
で字を書くことにはならなかったが，「今年も自分で手を動かして，紙に筆
で墨をつける？　それとも先生がお手伝いして字を書く？」と聞くと，「字を
書く」で舌をしっかり突き出した．Aくんが字を書きたいと意思表示するの
は，これまで自分の名前を書くときのみだったが，そのときはクレヨンやマ
ジックを使っていた．相談して，「一」を書くことに．初めに手を添えて
「一」を書かせ，2枚目はこちらが手を支えて，Aくんが自分で筆を動かそ
うとする動きが見られたら，紙を少しずつ動かすようにした．そして3枚目
も．できあがった作品を見せてどれを出品するか聞いたところ，2枚目の自
分が「書いた」作品を選んだ．

◆自分で活動を選び伝えるようになった5年生

　学習発表会に向けて「365日の紙飛行機」に取り組んだ．発表会では歌に
合わせて鈴を鳴らし，最後に紙飛行機を飛ばすことが子どもたちの活動であ
る．この曲を歌い聞かせたところ，2回目で歌うように舌を動かし始めた．
そして，通学生の映像を見ながら練習開始．ところが，肝心の鈴は鳴らさ
す，ずっと舌を動かし続ける．「歌わなくていいんだよ．先生が合図したら

鈴を鳴らしてよ」と言ってもやはり舌を動かし続ける（**写真4**）.「歌いたいの？」と聞くとしっかり舌を突き出す. そこで,「じゃあ, 鈴鳴らすのやめて, 歌う？」と聞くと返事をしない.「鈴も, 歌も, どっちもやるの？」というと舌をねじらんばかりに突き出す.「でも, 歌いながら鈴を鳴らすのは難しいよね」と聞くとしばらくじっと考えるように舌も視線も止まり, その後,「はい」と答えるように舌を突き出した.「じゃあ, 歌のところは歌って, 間奏のところで先生が合図したら鈴を鳴らそうか」というと, 納得したようにまた舌をつき出した. そして練習するうちに合図を聞いて鈴を鳴らすようになったばかりか, 歌いながら鈴を鳴らす場面も見られるようになった. そして, 曲の始まりを聞いて舌を動かし, 曲の終わりに舌の動きも鈴を鳴らす手も止めていた.

3　今後のAくんの教育実践上の課題

　担任して徐々にAくんのことがわかり始めたころは, 選択を視線で伝えたり, あいさつを返そうとしたり, 自分の動かせるところを使って応答的なやりとりをしようとする姿を見せてくれていた. 1歳前半の一次元をたくさんつくろうとしている発達の姿であると, このときは考えていた.

　その後のAくんは, 自分で体を動かし, 活動に合わせて身体をコントロールしようとするなど, 自我が芽生え拡大しつつある姿も見せてくれるようになった. また, 物語のイメージをもって絵本を楽しんで, 繰り返しその物語を楽しむことも見られるようになってきた. さらに4年生になると「大―小」比較が言葉と結びついて確立し, 勝敗などの対の世界を自分の中に取り込んでいる. また,「自分で」がたくさんあふれ, そればかりでなく, 見通しをもって自分で折りあいをつけ, 終わりを決めることができるようになってきた. これは二次元の世界にたどりつき, 自我を充実させている時期だといえる. さらには, 5年生で「歌いながら鈴を鳴らす」という2つの活動をひとつにまとめ上げる「～しながら～する」という力を獲得しつつある.

　このように, Aくんは自分のもっている力を発揮して, どんどん外界に働

きかけ，自分の世界を広げようとしている姿を見せてくれた．満1歳ちょう
どで受傷したAくんが，限りある機能を精一杯使って，幼児期の発達にたど
りついた．Aくんは，自我が育ち，人との関係，ものとの関係を自分で把握
し，整理をつけていく幼児期の発達段階にいると思われる．活動を見通し，
言葉で自分の世界を広げ，生活の主人公になっていく段階に入っている．彼
の機能面の制限から，その発達要求を実現させるには難しい面が多い．それ
に見合った活動を訪問教育の中で用意できるかが，教育実践上の大きな課題
である．

4　Aくんの発達を支えるもの

◆やりとりの手立てと自分の手を知ること

　このようなAくんの育ちは，日々の授業でAくんの舌の動きや視線を意味
づけて言葉で返していく積み上げが彼の中で蓄積し，「こうすればわかって
もらえる！」と，やりとりができることをAくん自身が実感してきたと考え
られる．Aくんは舌の動きでまわりの人が自分の言いたいことを受けとめて
くれると感じ取り，視線を動かすことで選択を伝えることができるとわかっ
たのだろう．自分の伝えたいことを伝える手立てとして，舌の動きや視線を
使い始めたのである．やりとりの経験が，やりとりを成立させる手立ての獲
得につながったといえよう．

　また，3年生の2学期から手元を見ながら活動できるようになったこと
は，発達を飛躍させることにつながったのではないだろうか．自分の手が何
をしているか目で確かめられることは，活動の意味や結果を知ることにな
る．「自分でする」体験を日々積み重ねているといえる．

　このような自我が拡大，充実していく様子は，やりとりの手立てを得て，
Aくんが自分の力を発揮し始めた姿である．これは，Aくんが新たに獲得し
たと力というよりは，Aくんの内面に寄り添うことを大切にしてきたこと
で，これまでなかなか発揮できなかったことを，まわりの人にわかるように
表してくれるようになったと思われる．

重症児の発達をとらえることはとても難しい．機能面の制限が強く，発達のあらわれがきわめて見えにくい．しかし，これまで出会った子どもたちから，障害が重くとも懸命に自分の力を発揮して，外界に，人にかかわろうとする子どもたちの姿から，その力のあらわれを，発達を遂げる姿としてきちんと受けとめることが，彼らとかかわる私たちの大きな役目であると学んだ．どんなに障害が重くとも発達の筋道は同じ，という発達保障の理論をAくんの姿から，あらためて学び直している．

　そのようなAくんにふさわしい活動を探っていかなければならない．授業の中で大事にすることは出会った頃から変わっていないものの，Aくんにふさわしい活動を，彼の興味や生活年齢を考えながら探っていくことが重要である．Aくんの身体機能はきわめて強い制限があるが，そこを補うツールとして，意思伝達機器等のスイッチやタブレット端末など，使えるものは活用していくことも大きな意味がある．

　複数の教職員による訪問で，初めて会う先生にも視線を向け，言葉かけにいっぱい舌を動かして応える姿に，「Aくんとおしゃべりできてよかったよ」と言ってもらえた．自分にかかわってくれようとしてくれる人に，自分からもかかわろうとしている姿である．一方で3歳後半〜4歳の発達にさしかかったと考えられるAくんには，本来，子ども集団が必要である．訪問教育ではどうしても日常的に友だちを用意できない．Aくんは友だちを意識し，行事参加を心待ちにしているほか，作品のみの参加になっても学年集会の様子を知りたがったり，通学生の授業の様子を映像で見たいという．彼に集団を，という願いを，どのように実現できるかを模索していかなければならない．

5　Aくんをとりまく人たち

◆進めてきた連携を振り返る

　家族は，医療・福祉のサービスを利用して，安心して家庭でAくんと過ごしている．医療と福祉の全面的なサポートは，彼の在宅生活になくてはなら

ないものである．それでは，教育は医療や福祉とどのように連携するのか，また教育の果たす役割は何であろうか．

　Aくんのサービス利用の状況（**表1**）は，家庭の希望を相談員が支援計画として具体化したものである．地域支援コーディネーターや相談員それぞれと教員が直接顔を合わせる機会は，年1回程度であるが，顔が見える関係をつくることによって，家庭で何か問題が起きた際に，「○○さんに電話してみたら」と提案することができている．学校，医療，福祉という関係機関が顔をそろえてAくんの支援について意見交換するという機会をもつシステムは作られていないが，家庭でのケアに携わっている介護福祉士と看護師は，日常的に顔を合わせる機会があり，その折に教育内容やAくんの様子を伝えるようにしている．また，体調の変化などを伝えあうことも大事にしている．主治医とは授業と訪問診療が重なった時や，ショートステイ中の診察時に情報交換してきた．

　一方で福祉事業所の職員は，Aくんの授業に興味をもってくださっていることが多い．医師，看護師，介護福祉士は，どんな授業をしているのかよく聞いてくださる．また，ショートステイ中の授業の様子を見てくださったり，逆に授業の妨げにならないようにケアの時間をずらしたり，「勉強中にごめんね」とAくんに声をかけてくれるなど，Aくんへの配慮を怠らない方々によって，Aくんの授業をスムーズに進めさせていただいている．このようなAくんへの理解はどこからくるのだろうか．

　Aくんを担任した当初は眠っているか目覚めているのかもわからず，事業所職員から「眠っているときは，唾液の分泌が減って口が渇いてしまうけれど，起きると分泌物が増える」といった情報をいただいて，ようやく対応できる状況だった．家族だけでなくかかわる方々からできるだけ情報をもらいたいと思い，出会うたびに体調面や生活リズムなどを細かく聞かせていただいた．その積み重ねが，かかわる他職種の方々との関係づくりにつながったと考えている．

　一方で，Aくんと私がやりとりする様子を事業所職員に見ていただくと，「Aくんは，起きているときによく舌を動かしてるよね」と共感してくれる

ことがあった．また，「Ａくんは，いろいろなことをわかっているよね」と言ってくれることもあった．そのようにＡくん自身が発信する姿を情報交換してきた．また，Ａくんの授業について尋ねられると，授業で大切にしていることやＡくんのがんばりを具体的に伝えさせていただいた．その際，できるだけＡくんの様子を発達的にとらえて伝えるようにつとめてきた．それらの積み重ねが，徐々にＡくんへのかかわりに反映されてきたのではないかと考えている．そのような情報交換で，Ａくんにかかわる方々が教育に関心をもち，教育を大切だと考えてくれていると思われる．

　訪問理学療法士（PT）と一緒に授業させていただいた際，日頃と違う姿勢に不安を抱いたのか，ＡくんはPTの方にぐっと視線を向けてさかんに舌をつきだしていた．PTは「この姿勢，初めてだからね．怒ってるの？　でもちょっと我慢してよ」と声をかけていた．授業で見せているようなやりとりを，担任以外ともこのようにやりとりしているのだと思うと，かかわる方々にＡくんのがんばりを伝えることが，Ａくん自身の力を発揮する場を広げていくことにつながるのだと実感した．

　先に述べた陶芸の授業の時，見守りに入っていた介護福祉士にカメラを渡して，写真撮影をしていただいたことがある．私と学校所属のPTのふたりでＡくんにかかわることに必死で，どこで撮影してほしいと伝える余裕もなかったが，授業後写真を見ると，Ａくんが粘土を持つ指先や，手元や作品にしっかり視線を向けている様子など，Ａくんが作品づくりに主体的にかかわっているとわかる場面を的確にとらえてシャッターを押してくださっていた．

　一方で医療や福祉の方にとって，Ａくんは「きわめて重い障害のある人」である．ケアやサポートをするうえで，時には年齢が意識されない場面も見られる．しかし，学校教育はＡくんの生活年齢を大切にしている．Ａくんが子ども時代を子どもらしく過ごす上で，学校が果たす役割は大きいのではないかと考えている．

おわりに

　Aくんにとって学校は，社会の窓口であり，友だちのいる場所であり，Aくん自身が育つ場所である．学ぶ場が「訪問」でも，ほかの子どもたちと同じように「大きくなりたい」「いろいろなことができるようになりたい」というねがいをもつ存在としてAくんを受けとめ，共に過ごすことが，私たちの一つの役割である．

発達的理解が「じっくりとした取り組み」を生む

髙 木　尚

　本報告は訪問教育の実践報告である．訪問教育は，施設・病院・家庭に教員が出向いて授業を行う教育形態であるが，多くの場合，教員一人で訪問することや子どもの学習環境に制約があるなど特別の困難を抱えている分野であるため，優れた実践に学ぶことがたいへん重要である．本報告は，①Aくんの成長発達の経過と南さんのかかわりと，②Aくんを支援する様々な人々との南さんのかかわり，の二部で構成されている．

◆エピソードと発達的理解

　①は，前半にAくんとのかかわりにおける重要なエピソードが報告され，後半にAくんに対する南さんの発達的理解が述べられている．Aくんは，人工呼吸器を装着し，自分の意思で動かすことができるのは舌と眼球．四肢末梢の変形拘縮が進んでいる．健康状態は比較的安定しているが，不調時は心拍の上昇やダンピング症状がみられるなど，身体的にたいへん重い障害がある．

　3年生では「明確な舌の動きが見られてきたこと」「Noの意思表示をした七夕」のエピソード．南さんは前籍校からの「話しかけに口唇・舌をわずかに動かす様子が見られる」という引き継ぎをもとに，行動を意味づけながらかかわることで，Yes―舌の動き―をAくんとともに確立した．また3ヵ月かけてNoが育ってきた．ここでは二人の関係（伝え合うことが可能とA

くんが思える）の中で育ててきたことが重要と思われる．2学期からは手元をタブレットで映すことで，「見えることで活動がわかって自分で力をコントロールできる可能性」を見つけた．

　4年生では，勝負に負けて悔しいが先生が勝ったと，自分の意思や感情と区別して客観的事実の確認に舌の動きが使われだしたことが重要である．その力は「大―小がわかりはじめ，対の世界をつくりはじめたこと」「曲の中でキーボードを鳴らす」「制作の終わりを決めた」ことに繋がっていくと考えられる．5年生では，歌も楽器も「どっちもやりたいと活動を選び」「『歌い』ながら鈴を鳴ら」したり「曲が始まると『歌い』終わると『歌』も鈴も止める」活躍が綴られている．

　南さんはこのAくんの成長の過程を，「1歳前半の一次元をたくさんつくろうとしている姿」から「自分で体を動かし，活動に合わせてコントロールしようとするなど，自我が芽生え拡大しつつある姿」（3年生），「大―小比較」や「勝敗などの対の世界を自分の中に取り込む」「見通しをもって自分で折りあいをつけ，終わりを決める」「二次元の世界」（4年生），「2つの活動をひとつにまとめ上げる『〜しながら〜する』という力を獲得」（5年生）とまとめ，「満1歳ちょうどで受傷したAくんが，限りある機能を精一杯使って，幼児期の発達にたどりついた」と評価している．

◆コミュニケーションと「見て行う活動」の積み重ね

　Aくんの成長を振り返りながら二つの点が特に重要であったとしている．一つはコミュニケーションについてである．舌の動きや視線を意味づけてことばで返す時期から，Aくんの中で自分の表現手段が確立していく成長である．意味づけ期における相互の関係は「意味づけて返しながら待つ」ことが大切といわれるが，「待てる」教員の力量が求められる．その上で「伝わった」と子どもに実感してもらうことが重要である．コミュニケーションは相互関係であるが，ある時期子どもの状況に合わせて教員が主導することが必要となる．ここをとらえてAくんに次の段階のかかわりを主導していく南さんの慧眼はやはり，発達的理解に基づいているのだろうと思われる．

二つ目は「自分の手が何をしているか目で確かめられることは，活動の意味や結果を知ることになる．『自分でする』体験を日々積み重ねているといえる」という分析である．見ることが難しい子どもには別の方法が考えられなくてならないが，いずれにしても「活動の意味や結果を知る」ことが次の活動の意欲を生むことは自明であるから，このことに教員が心を砕く．「タブレットで手元を映す」というAくん独自の方法をとったことも成功のカギとなったと考えられる．

　現状のAくんへの理解がAくんに寄り添えば寄り添うほど，「３歳後半〜４歳の発達にさしかかったと考えられるAくんには，本来，子ども集団が必要である．訪問教育ではどうしても日常的に友だちを用意できない」という次の課題が見えてくる．ここにどう切り込んでいくか模索が続く．訪問教育は学校を背負って訪問していると言われる．このように言われると担任へのプレッシャーは重くなるのであるが，半面，学校を背負っているなら「頼もしい組織としての学校」がバックについているということでもある．何らかの形で家庭と学校を繋ぐことができるなら，新しい道が開けてくるのではないだろうか．全国にそのような経験もありそうである．

◆発達を学ぶこと

　本報告は訪問教育に限らず通学している子どもとのかかわりにも多くの示唆を与えてくれる．重い障害のある子どもとのかかわりでは「じっくり取り組む」ということが言われるが，簡単なことではない．私たちはとかく先を急ぎがちである．短期的な「成果」を求める圧力も強い．Aくんの成長過程は力を徐々にためつつ確実ではあるがゆっくりしたものだったであろう．報告の中の重要なエピソードの間にも何回もの授業・かかわりの積み重ねがあるだろう．この間南さんは「じっくり」かかわってきた．それを可能にしたのは，発達に関する知見と可能性への確信と考えられる．「障害が重くとも懸命に自分の力を発揮して，外界に，人にかかわろうとする子どもたちの姿から，その力のあらわれを，発達を遂げる姿としてきちんと受けとめることが，彼らとかかわる私たちの大きな役目である」と力強く明言できる所以で

ある.

　では，発達の知見やその見方を私たちはどうやって自分のものにしていけるのだろうか．たとえば『教育と保育ための発達診断』（白石正久・白石恵理子編，全障研出版部）などの優れた書籍も通読しただけではなかなか自分のものにできない．筆者の経験から言えば，常に机上に置き辞書のように活用するのはどうだろう．日々の実践の中で「…？」という時に該当すると考えられる箇所を参考にする．前後を含めて読み込めば，具体的な事例をもとに発達を学ぶことができる．発達の学習は具体的な事例を理解しようとする日々の積み重ねの中で培われると考えられるのである．なお，訪問教育や肢体不自由校においては，身体面や健康面での課題も多い．『脳性麻痺の運動障害と支援』（北村晋一著，群青社）がお薦めである.

◆連携と教育の役割

　②は「Aくんをとりまく人たち」の中で整理されている．介護福祉士・看護師・医師・福祉事業所の職員・PTと多様な職種のいろいろな人がAくんと家庭の生活を支えている中で，体調の変化などの情報を交換しながら，南さんは「Aくんの様子を発達的にとらえて伝えるようにつとめてきた」と述べている．また，やりとりの場面を直接見ていただくことにも取り組んでいる．保護者との話もそうなのであるが，ここでは，実践の中身そのものが問われているといえるだろう．連携の中での教育の役割はここにあるといえるのではないだろうか．それぞれの職種の方々の知見を受けとめ参考（特に健康面の課題や身体的な点は専門職の知見や見方を十分に踏まえる必要がある）にしながら，子どもの発達の姿を伝えていくことは教育の独自の役割と考えられる．「Aくんのがんばりを伝えることが，Aくん自身の力を発揮する場を広げていくことにつながる」と考えられるからである．それは，横への豊かな発達を実現していく重要な視点と思われる.

ユウくん，一緒に歩こう！

阿 部 直 俊

はじめに

　この報告は，私が2014年度まで勤務していた特別支援学校（高等部）重複障害学級（以下，「重度重複学級」と表記）での実践である．ここでは，学級の一員であるユウくん（当時高等部3年生）の姿に焦点をあて，学級ぐるみで授業づくりに取り組んだ1年間の経過をまとめた．

　ユウくん（仮名）は，その激烈な行動ゆえに「強度行動障害」と言われることが多かった．もともと障害名でも診断名でもないこの言葉は，「行動問題」の頻度や激しさが著しい状態として学校や施設での「処遇困難」を強く印象づける．そのため，ユウくんには「行動問題」への様々な対処法が試みられてきたが，一方で特定の行動に眼を奪われ，背景にある本人の内面や発達の姿を見えにくくしているようにも思えた．

　本人の「生活，発達，障害」の全体をふまえて実践に取り組むこと，ユウくんが地域のなかで適切な支援を受け生活の場を拓いていくことが，私たちの実践の大切な目標になった．

1　ユウくんとの出会い

　高等部3年生になったばかりのユウくん．背が高く，体重も90 kgを超え

る堂々たる体格だ．顔が変形するほどの顎・頰叩きが続き，せわしく動きまわりながら身近にある物を指先でつまむと，パタパタと振り，口に触れ，投げる．「ウェー」という大きな声を響かせ，分厚い手をバシンバシンと打ち鳴らす．機嫌が良い時は，体を揺らして思い切り窓ガラスを叩くため，強化ガラスが音をたてながらグンとしなるのがわかった．

　給食を手づかみで食べたり手に持った食器を投げたりしてしまうこともあるユウくん．言葉による理解や表出が困難なこと，目的意識をもって動くというより，クルクルと回りながらリズミカルに手を打つ動作を繰り返す様子などから，重い知的障害や自閉性障害があり，発達の姿としては，「１歳半のふし」の前段階にいる青年だと考えられた．

　保育士や保護者からの聴き取りによれば，３歳ぐらいまでに５語程度の発語が見られたが，その後消失．多動傾向が強く，水をバシャバシャと手ではじいて遊ぶことが好きで，他の遊びにはなかなか広がらなかったという．自傷行為については，小学部高学年から中学部にかけて激しくなり，高等部では顎や頰が腫れ上がるほど強まっていた．

　私は，ユウくんを含む５人の男子がいる重度重複学級（高３年）の担当になった．この学級の担任は毎年のように替わっている．私は，病休代替のリノ先生，臨時講師のフミヤ先生と共に学級づくりに取り組むことになった．

　学級の５人はそれぞれに鋭敏な感覚をもち，言葉によるやりとりは１名を除いて難しい．食事や排泄面などにも生活上の困難が見られた．とりわけユウくんは，頭突き等によって人にケガをさせたり，たたき割った窓ガラスで負傷し救急車で搬送されたりする「派手な問題行動」を繰り返していた．これまでも興奮状態で仲間や教師にケガをさせてしまったことから，ますます特定の教師の個別対応に終始しがちでもあった．

　また，ユウくんは福祉の生活支援を長年にわたりほとんど利用できていなかった．17年間365日を家族が支える生活．「施設ではできない」と断られた支援をすべて両親が行う生活は，いつ限界を迎えてもおかしくないと思われた．

　学級では，保護者とできる限り連絡・相談・情報交換の機会をもつこと，

安全安心の関係づくりのなかで仲間と一緒に育つ授業を心がけること，そして今の生活を整え充実させながら卒業後の生活につなげていくことを，2名の若手教員と話し合った．しかし，どのように学級の活動を進めていけるのか，不安ばかりが募った．

2　大荒れの日の牧草地

　年度当初，ユウくんの行動の荒れは毎日のように続いた．睡眠がまとまってとれず，夕方から深夜までひと眠りすると，午前1〜2時頃からグズグズと起きてしまうユウくん．その後何度か間食し，そのまま朝を迎えることも珍しくなかった．また，服用している向精神薬の種類や量も多く，生活リズムの乱れとあいまって不快な興奮状態と眠気が繰り返し起きる状態が続いていた．

　強い興奮状態が始まると，手当たり次第に物を倒し，近くの人につかみかかるユウくん．仲間を不意に傷つけてしまう可能性があるため，私は彼と一緒に学校の裏手にある牧草地に向かった．ユウくんは，ここで靴を投げ捨てて裸足になると，何度も走り回る．泥を手でまきあげ，雄叫びのような声を上げた．その表現は激烈だが，体中の負のエネルギーを発散しているようにも見えた．

　この日の学級の話し合いでは，リノ先生やフミヤ先生からいくつかの提案があった．

　「ユウくんの，自宅での生活リズムを知っておきたいですね」「教室にこだわらず，学級のみんなで牧草地に行きませんか！」

　なるほど，私は「教室や校舎の中でユウくんを何とか収めよう，教室に戻そう」と一人で奮闘していたが，ユウくんには生理的な不快感やどうしようもない気持ちの高ぶりが何度もあるのだ．

　私は，あらためてユウくんの生活について，保護者との情報交換をていねいに行っていくこと，そしてこの広大な牧草地だからこそできる集団活動を学級ぐるみで進めてみようと考えた．

やさしく手を引くユウくん　　　後ろから歩いていた私を待ってくれる
　　　　　　　　　　　　　　　　ユウくん

　私たちは，ブルーシートを敷いてお茶会をしたり，大きなパラシュート布
を持参してスカイバルーンを楽しんだりする学級の野外レクに何度も取り組
んだ．時にはテントも張って，ふれあい体操をしたり手遊びをしたり…．ユ
ウくんが手を叩き，歩き回り，大声をあげることも，ここでは気にならな
い．口唇を指でリズミカルに触れたり，腕をそっとなでたりされることで，
ユウくんは私に静かに体をまかす様子も見せた．ほどよい距離感のなかで仲
間が集まり，離れ，かかわり，自分のお気に入りの時間を過ごすことができ
た．
　ユウくんは，ある時さっと立ち上がってＡくんの手を取り，草原を一緒に
歩き回った．いつも手をつなぐのは例外なくＡくんだ．これは仲間のなかで
Ａくんだけが，ユウくんを誘うように自分から手を差し伸べてくれるからだ
ろう．また，Ａくんには私たち大人のように「〜をさせる」という意図がな
い．ユウくんは自分を受け入れてくれる人を意識し，手をつなぐ人を求めて
いると感じた．

3　分かれ道の男

　ユウくんは，その後私の手を引いて牧草地に向かうようになった．私が手
を引っ張るとうまく歩かないのに，自分から手を引く時はどこまでも歩いて
行けるユウくん．ユウくんと一緒に足の動きを合わせて歩く．そのうちどち

らが歩調を合わせているのかわからないほど息が合ってくることがわかる．途中で私がわざと止まると，くるりと向いてこちらを見つめ，私の手を引き始める．そっと手をつなぎ直す彼の手は温かい．

　意外な場面もある．「分かれ道」に差しかかると，ユウくんは何度も道路に寝転んで動かなくなった．どちらに進むか，あるいは行かないのかということに正解はないのに，岐路で彼は逡巡し，悩む．しばらく彼を待って歩く方向を促しても，自傷が強まり顔を伏せた．

　分かれ道に来ると，「動かされる」意図を意識し，自分で動くことを不安に感じてしまうのだろうか．不安な気持ちや生理的な要求を激しく人にぶつけてきたユウくんは，今は強い拒絶だけでなく，自分を責めるように静かに葛藤し寝転ぶ．青年期まっただ中の彼の姿は多面的だ．

　ユウくんは，大人が待ちくたびれた頃にサッと立ち上がり歩き出す．多動で，見た物にすぐに反応してしまう「待てない」ユウくんだが，ここでは自分なりの「間」をもって自分から行動を起こしているようにも見えた．

　プールに行った時もそうだった．せっかく大好きなプールに来たのに，ユウくんは時間いっぱいプールの周りを歩き回るだけ．「水に入れよう」とする私たちの促しを拒み続ける．しかし，みんなが帰り支度をしてプールを後にしようとした瞬間，ユウくんはさっとプールに戻り，豪快にダイブして全身ずぶ濡れ．ユウくんは，本当は入りたいけれど仲間の中で水遊びをすることに不安が強まり踏み出せない．この時は，帰る人の動きで踏ん切りがつき，最後に大胆な形で自分の思いを果たしたのかもしれないと同僚と話し合った．

4　やれないこともイヤだ

　高等部で，大人から「やらされる」活動になりやすいのが作業活動だ．ユウくんは，高1から自立活動の一つとして，シイタケ栽培で使う「ほだ木」運びの活動を行っていた．長さ90cmほどの「ほだ木」を両手で抱え，周回コースを歩いて相手に手渡すという活動だ．

作業場が見えてくるにつれ，ユウくんの表情は一変．絶対やるものかと渾身の力でつかみかかってくる．座り込み，そのうちみんなが作業をしている道をふさぐように寝転ぶユウくん．仲間が避けて通ると，ユウくんはチラチラとその仲間たちを見ている．今日はゆっくり松林の中を歩ければいいと思っていた私の考えは通用しなかった．作業が，体全体で拒否を表す時間になり，続けるほどユウくんには活動や場所への嫌悪感が重なっていく．

　活動を切り上げ教室に入ると，ユウくんはいったんホッとした表情を見せる．それならそれで，ああよかったと安心して時間を過ごせば良いのに…．ユウくんは，じきにジャンプを繰り返し，机や椅子を手当たり次第に投げ始めた．そして次の瞬間，ユウくんは大泣き．ワンワンと声をあげ，涙を流して．いつもは自分の拳で激しく自傷をするユウくんは，時々私の手を持って「ここを殴れ」というような動作をした．「ボクが悪いのだろう」とでも言いたげに．

　やりたくないけれど，やらない自分もイヤだ．ユウくんは作業だけでなく，仲間と離されて教室に入ることにも私から受ける罰のような気持ちをもったのだろうか．彼の興奮状態には，ただの拒否というより，「ボクはどうしたらよいだろう」というユウくんなりの思考があり，「できない自分」を感じさせるような過去の叱責や行動制約を受けた経験も影響しているように思えた．

　私たちは，学級で話し合って「ほだ木運び」を取りやめ，ユウくんの数少ない楽しみであるブランコのある遊具スペースに出かける時間に切り替えた．「高等部だから働く」のではなく，今，彼に必要な生活の充実を目指そう．ユウくんが，「～したい」という意欲や，歩くとうれしいという気持ちをもてる移動の場面をつくりたいと考えた．

　ユウくんは，ブランコが大好きで，力強く大きくこぐことができる．一人で遊んでいる時はすぐに遊びを切り上げてしまうのに，後輩や友だちが一緒だと時間をかけて「遊びきる」こともわかった．たとえば，高等部の仲間が朝マラソンをしていると，ユウくんもその道を歩き始め，行ったり来たりを繰り返す．彼のなかでは，きっと友だちと同じように「走って」いるのだろ

う.

　最初は「一人遊び」に見えたブランコでもそうだ．空まで届きそうなくら
いにブランコをこぐ学級のＢくんが近くにいると，ユウくんは明らかに意識
してブランコを自分から大きくこぎ出し，長い時間遊びを楽しめていた．

　驚いたことに，小学部の子どもたちが使っている時に，ユウくんは人を押
したり無理矢理割り込んだりはしない．ブランコの柵の周りをグルグルと歩
き，ブランコが空くとサッと自分から座ってこぎだす．乱暴者と思われてき
たユウくんが，相手の「間」に合わせようとする姿や，仲間がいるからこそ
行動できる姿を発見するようになった．

5　物を「投げる」から「運ぶ，入れる」へ

「ユウくんがいると，授業にならないよ！」

　常に動き回り，大きな声を出して教室の物を投げ，壊してしまうこともあ
るユウくん．そのため集団活動を中断させたり乱したりして，個別指導に切
り替えられることが多かった．

　しかし，彼には「物を壊す」とか「人を傷つける」という意図はない．同
僚とも多動や物投げを一方的にやめさせることは困難だと確かめた．動きを
止めるのではなく，意図をもって動く活動を通して「物を投げる」から「運
ぶ・入れる」という活動につなげられないか，その結果として人とやりとり
する喜びを味わえないか，と考えた．

　授業づくりのヒントはいくつかあった．

　一つは，ピーナッツ型のバランスボールを使った一対一の運動の場面だ．
自分から遊びたいという要求を出すことが少なかったユウくんだが，バラン
スボールを使ったリズム運動が大好きになっていた．初夏を過ぎる頃から何
度も自分からボールを持ちだし，「一緒にやろう！」という要求を表すよう
になった．自分から相手の両肩をつかみ，しっかりと目線を合わせて揺れ
る．止まってまた揺れ始める「間」がうれしいのだろう．教師の「うれしい
ね〜」「もっとやろうか」という声に応えるように声を出して笑うユウくん．

親しい大人との関係が育まれていると感じた．

　もう一つは，「運ぶ，入れる」活動の可能性だ．「ほだ木」を運ぶ運搬活動には強い拒否を示したユウくんだが，取っ手のあるバケツやカゴを試すと，「つかむ，握る」ことで安心して持ち続けることができた．着替えの衣類を運んだり，道具を人に届けたり…．活動の意味までは理解できていなくても，相手の意図に応えて運ぶことでほめられる．ユウくんも得意げだ．

　学級では，単につかむ道具が良かったというよりも，「運ぼうよ」「ありがとう」という相手の意図を受けとめ，ユウくん自身が「よし運ぼう！」と思えたから，投げることも座り込むこともなく運べているのではないかと話し合った．

　ユウくんは，発達の姿としては「…ダ」という1歳前後の世界の中で生活していると考えていたが，それだけでは説明ができない自我の姿や，他者の存在を意識して行動する姿も育ちつつあった．青年期のユウくんが，集団のなかで人と意図的にかかわり，自分のやったことに対して達成感をもてるような授業に取り組みたいと考えた．

6　シンボルツリーを作ろう

　学級では，年度はじめに一人ひとりモップ筆を使って高さ2mほどの大樹を描き，学級の「シンボルツリー」として飾っていた．その後，春の参観日に自分たちで型抜きをしたサクラの花びらや丸めた紙の「樹皮」を保護者と一緒に飾りつけたのだ．ユウくんは，サクラ吹雪のように散らして貼る活動の一部しか参加できなかった．

　第2期以降の活動では，友だちと一緒に作るという手応えのある活動にするために，仲間とみんなで作った葉っぱや飾りで遊んだり，目の前でシンボルツリーに貼りつけたりしながら，活動の成果を味わえるようにしたいと考えた．夏に若葉，秋には紅葉，冬にはクリスマスツリーと，季節ごとに模様替えをしながら「大樹」を校舎に飾り，「学校のシンボルツリー」としてみんなに楽しんでもらうことにした．

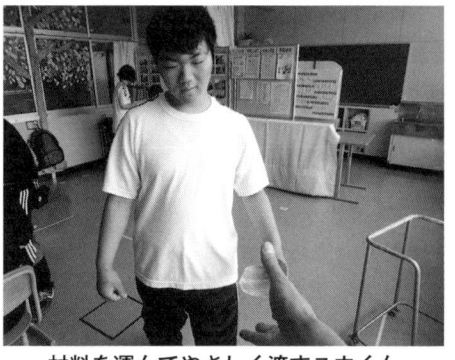
材料を運んでやさしく渡すユウくん

　手作りの葉っぱスタンプを使って，短冊紙に葉の模様を押していく学級の仲間たち．Aくんは，スタンプを押した葉をはさみで切ってシンボルツリーに貼り付ける．この活動の中で，ユウくんは学級の仲間たちの間を動きながら，リノ先生のいるAくんのところから私まで，一定方向で紙を運ぶ活動に取り組み始めた．

　「ユウく〜ん，お願いします！」

　リノ先生が明るい声で呼びかけると，ユウくんはまんざらでもなさそうな顔つきで紙を取りに近づいていく．「ユウくん，ここだよ！」「いいね，ありがとう！　うれしいよ！」3ｍほど離れた場所まで歩き，私が指さしたボックスに葉の紙を入れるユウくんは，紙を入れる置き方も優しい．顔を上に向け，目を細めて笑っている．くるりと回ってまたリノ先生のところへ…．

　私たちはユウくんが「決めた場所まで紙を運べた」こと以上に，身近な大人や仲間と心地よいやりとりをして「自分から」運ぼうとしていることが何よりうれしかった．そして，こういう場面では，ユウくんが紙を投げ捨てることはないのだということに感動を覚えた．

　こうした「運ぶ」活動は，学校生活の他の場面でも生かされた．たとえば，給食を食べ終わった後の食器をお盆に載せて自分で運ぶ，ゴミ箱を運んでゴミを捨てるなど，ユウくんの活動は少しずつ広がった．そして，結果的に見れば，夏以降，ユウくんが友だちや教員を頭突きや引き倒しなどで傷つけることはなくなっていた．

7　保護者から学ぶ

　ユウくんは，帰るとすぐに夕食，そして夕方には就寝．それから数時間ご

とに起きて排泄．深夜1時すぎには起き出す．時にはほとんど眠らない日も
あり，そのたび母親が起きて，そのまま学校に送ってくることもあった．ま
た，ユウくんは起きている時間帯に何度も食事をとっていたため，年々体重
が増加し，年度当初は90kgを軽く超える高度肥満の状態にあった．

　私たちは，安定した睡眠と食事の調整は必要だと考えたが，ギリギリの家
族支援を続けているご両親に注文をするのではなく，まずは連絡帳の交換
で，ユウくんの生活の様子やご両親の気持ちをお聞きするように心がけた．

　驚いたことに，私たちが日々の出来事やユウくんのがんばっていることを
伝えると，父親はそれに対するコメントや，夜から朝にかけての生活の記録
を細かく書いてくださった．時には紙の裏面にまで記述が及び，保護者との
「交換日記」は，私たちの実践の大きなよりどころになった．

　そこには，母親がどれだけ苦労し疲弊しているか，父親として思わず厳し
く子どもに接してしまった時のつらさなどがたびたび記されていた．食べ過
ぎだとわかっていても「数少ない息子が喜ぶ場面なので」という本音も綴ら
れた．服用している薬の影響や，本人自身ではどうにもならない荒れた状態
が続いていることも率直に書かれていた．私たちは，父親が毎日コツコツと
書く連絡帳を読み，たった数時間の学校生活ではわからないユウくんの姿や
家族の思いを，もっともっと知らなくてはと強く感じた．

　そこで私たちは，ご両親と一緒にユウくんの24時間の生活を記録してみ
ることにした．食事・排泄の記録のほか，薬の服用前後の状況，興奮状態や
眠気，活動の様子などを学校で記入し，家庭では，食事や睡眠の様子と1日
のエピソードをメモしてもらうようにした．

　ご両親は，学校で提案した「生活表づくり」をとても喜んでくださった．
日々の生活の困難な状況はもちろんのこと，「息子の行動には，こんな気持
ちが表れていると感じます」「〜をしたらうれしそうに笑っていました」な
ど，ユウくんの日々の成長や喜びを，私たちに詳しく教えてくれるようにな
った．

　ご両親と二人三脚で続けた「生活表づくり」は，必ずしも細かい生活デー
タの共有が目的ではない．お互いにユウくんの生活を考えるための共通の

「掲示板」のような位置づけだ．ご両親にとっては，「学校ではけっこううまくやっているんだ」という安心感につながり，家庭の食事や睡眠リズムを少しでも整えようという意識をもってもらうこともできた．

　ユウくんは，薬の調整がうまくいかず，その後も睡眠リズムが改善せずに強い興奮状態も続いたが，体重は1年間で劇的に推移した．ご両親が心がけた低カロリーの食事や間食の調整，学校での運動などが功を奏し，卒業時には健康的な減量（体重60kg台）を果たしていた．

8　進路を拓く

　在学中に，ユウくんが地域で生活できる基盤をつくることは待ったなしの課題だった．校内コーディネーターが中心になって，地域の関係各方面に呼びかけを行い，相談機関，市の障害福祉課，担任，保護者の輪のなかで，繰り返しユウくんの「支援会議」が開催された．そして法律で定められた福祉サービスも受けられず，通所・入所も困難という現状を打開するため，公的な支援と施設の理解・協力を求めた．

　市の担当者は，個々のケースで施設への働きかけや予算的な措置は難しく，原則利用者と施設側との契約の問題であるという立場を崩さなかった．また，各施設も環境整備や人員配置に関わる予算を工面できる見通しがないとして話し合いは平行線をたどった．保護者の落胆は大きかった．

　私たちは，ユウくんのことをもっと知ってほしいと願い，担任が同伴し福祉施設を利用する帯同通所や，泊つきの入所実習を複数の施設で行った．また，既存の「行動チェックシート」ではわからないユウくんの動画をDVDにまとめ，地域の施設管理者や担当者を集めてユウくんの生活を考える合同説明会を行ったりした．

　年度末になって，ある入所施設が検討を重ねて入所の枠を広げ，ユウくんの卒業後の生活を支えてくれることになった．「受入れは無理」という声も多く上がるなかで，「彼の生活を支えたい」というスタッフも現れた．「施設運営としては厳しい選択．しかし，受け入れるなら彼のこれからの生活を施

設全体で考えてから決めたい」という法人の決断により，個室の新設，スタッフの配置を含めた施設入所の受け入れが実現した．

　ユウくんの生活・進路を拓いたという意味では「ハッピーエンド」なのかもしれない．しかし，今の福祉の状況では，施設側も保護者も苦悶し，ギリギリの選択をせざるをえない．目に見える公的支援が必要だ．また，学校・教師は生徒を卒業させ施設に送り出せばよいのかという連携のあり方も問われた．どの学校にもどの地域にもいる第二，第三のユウくんのことが頭を離れなかった．

おわりに

　「ボクの気持ちをもっとわかってよ！」「ボクだってしんどいんだ…」というユウくんの発達の姿や思いを受けとめようとするところから，学校・学級の取り組みが少しずつ変容してきた．そして，今の生活の充実を保護者と一緒に考えることで，ユウくん自身が安心して暮らせるヒントや，仲間とともに喜びをもって生活しようとする姿も見えてくるようになった．

　一方，ユウくんが高３になるまで，ご両親が行政や福祉関係者と充分に相談できる機会がもてなかったことは，学校や行政の大きな課題であり，地域全体の問題として考える必要がある．

　私たち学校関係者は，地域で青年期から成人期に向かうご本人の生活や発達の姿を，家族や施設の方々と共に考え支える一員でもありたい．

　ユウくん，これからも一緒に歩こう！

安心できる居場所で自分づくりをはじめたユウくん

白 石 恵理子

◆子どものねがいが見えない

　「問題行動」にではなく，ユウくんの人格そのものに寄り添ってきた感動的な報告である．

　「問題行動」が発達要求のあらわれであることは，繰り返し実践的に確かめられてきた．しかし，自分や周囲を激しく傷つける行動を目のあたりにして，その裏にある発達要求を見出すことは容易ではない．子どもにていねいに寄り添いたいと願う教師であるほど，子どもの「思い」や「ねがい」が見えないことは，教師自身の大きな苦しみとなる．けれども，じつは本人も，「思い」や「ねがい」が見えないことに苦しんでいるのではないだろうか．「何かが違う」「何かが…」と感じつつ，自分は何を求めているのか，何に困っているのかがわからない．ユウくんの場合，幼いときは，水をはじくなどの感覚遊びで一定の満足感を得てきたが，思春期以降，そうした遊びだけでは飽き足らなくなってきたのかもしれない．もともと多動で，周囲の刺激に反応しやすい特徴をもっているために，周囲の刺激が自分の中になだれこんでくるような不安や恐怖を感じていたのかもしれない．そんなユウくんにとって，何が自分の「思い」なのか，「要求」なのかがわからなくなってしまっていたと考える．

◆一緒に歩いて見えてきた安心の小窓

牧草地で雄叫びをあげ，泥を巻き上げ，走り回るユウくんの姿に，阿部さんは「何かを変えたい」「何かを突き破りたい」というエネルギーを感じとる．だから，教室や校舎という環境に少しずつでも慣れていけるように…ではなく，まずは思いきり自分を出せるようにと牧草地を「教室」にしていく．

　ユウくんは，自分の行動や声が引き起こしてしまう周りの人の不快な表情にも，苛立ちを強めていたのだろう．どんなに声を出しても，走り回っても許される空間で，初めてユウくんは「安心できる居場所」を見出していく．それまでの個別対応の中でも，安心できる空間はあったかもしれない．今度はそこに，それぞれにお気に入りの時間を過ごしている仲間がいる．ユウくんは，ブルーシートやテントを拠点にしながら，近づき，離れ，人とのほどよい距離を自分でつくっていく．阿部さんに安心して身をまかすようになる．「安心できる居場所」とは，単なる物理的な空間ではない．安心できる空間が居場所へと変化するには仲間の存在が必要だ．その居場所で，それまでの「何かが違う」「何かを求めているけれど，何かわからない」と，はっきりしない「何か」に追い込まれがちだったユウくんが，「Ａくん，一緒に行こう」と明確な自分の要求で友だちに手をさし出すようになる．

　その後，ユウくんは，阿部さんの手を引いて牧草地に向かうようになるが，手をひかれて歩くことは拒む．相手の意図を受けとめて，自らをやわらかく調整していくには，もう少し時間が必要だ．そこで阿部さんは，彼との意図のつなひきに入るのではなく，ユウくんのペースで一緒に歩く．足の動き，息づかいを合わせて歩く．敏感な子どもたちとのかかわりにおいて，心地よく呼吸を合わせること，感覚をすりあわせることの大切さを学ぶことができる．

◆ 「分かれ道」の意味を考える

　ユウくんはなぜ分かれ道で寝転ぶのか．感覚レベルで何となく歩いていくのではなく，「自分で選ぶ」「自分で決める」ことに立ち向かおうとしはじめたのだろう．選択肢を感じるからこそ，自分が自分の行為の主体であることを鋭く意識し，逡巡し，悩む．そして，静かに自分とたたかうユウくんを阿

部さんはそっと見守る．多動で，いっときも目を離せないような子に対し，ある時，その行動に「間ができてきた」「自分のタイミングで動くようになった」と感じる時期がある．周囲の刺激に支配されがちな状況から，まさにその子自身が行為の主体に変わっていく瞬間でもある．

「1歳半のふし」とは，自我の育ちにおいても大きな変化を示す質的転換期である．乳児の場合，ハイハイしてお母さんの膝に向かっていくが，「ぼくがハイハイしていくんだ」と自分を対象化するような心の動きはまだみられない．「1歳半のふし」をこえるということは，「ぼくが歩いていく」「わたしが積木を積む」という心の動きがつくられるようになるということでもある．ユウくんは，この質的転換期で，新しい自分をつくろうと努力している青年なのだと推察する．

そんなユウくんにとって，作業活動はなかなか手ごわい活動だ．そもそも労働とはきわめて目的意識的な活動であり，作業活動においては，その目的は厳然と用意されている．教師だけではなく，生徒も道具も空間も，すべてが一つの目的に向かって動いているという雰囲気をもっている．自分が行為の主体になろうとするところで，たじろぎつつ，じっくり力を蓄えようとしているユウくんにとっては，大きすぎる壁だったのだろう．しかし，その場を離れてもほっとすることはできず，今度は，激しく自分を責め始める．そこで，教師たちは「できない自分」を感じさせる設定そのものを変え，もっとゆっくり時間をかけて，自分のペースで行動をつくれるようになることを応援していく．作業活動という強烈な目的のある場に入るだけの自我の育ちはまだだが，バランスボールでは，相手と自分の絶妙なかけひきを楽しむようになる．

◆ユウくんの「苦しみ」を共有する教師たち

この実践では，3人の教師集団がとても魅力的だ．牧草地を「教室」にすればいいじゃないですかという若い先生の発想に，柔軟に自分の考えを変えるベテランの先生．「シンボルツリー」づくりで，ユウくんの活躍をつくりだしたのも，先生たちの息のあった連携プレーがあったからだろう．ツリー

づくりでのユウくんの姿からは，本当は自分もあてにされたい，誰かの役にたちたいと願っていたのだと伝わってくる．もちろん，これまでの経験で，何をつくるのかがつかめてきたことも大きいのだろう．大好きな先生が切った紙をやさしく扱うユウくんの姿に心をうたれる．

　こうして，自分の行為の主体になり，人に渡す（伝える）手ごたえを感じるようになったユウくんは，友だちや先生を傷つけなくなっていった．頭突きや引き倒しという行動そのものをターゲットに行動変容を迫ったのではなく，そうせざるを得なかった彼の苦しみに寄り添い，裏に隠れた「思い」や「ねがい」に心を寄せてきたことが，結果的に変化をもたらした．

◆ユウくんが「生きる」ことに目を向ける

　ユウくんは長年福祉の支援を利用できず，毎日が家族に重く委ねられてきた．学校で「よい変化」がみられるようになっても，すぐに生活全体が大きく変わるわけではない．日中は複数の教師がおり，空間的にも広がりや変化があるなかで，気持ちを切り替えやすい面をもつ．しかし，くらしの場面は，人間関係においても空間においても閉じた時間帯になりやすい．互いに気にかかり，求める関係だからこそ，疲弊や荒れが相乗的に増大しやすい．

　そんな状況のなかで，阿部さん自身も驚かれているように，ご両親は，ユウくんの家庭での姿だけでなく，内面の動きにまで心を寄せて連絡帳に綴ってくださるようになる．ご両親にとっても，書くこと，そして教員と共有することで，ユウくんをいい意味で少し突き放して見ることができたのかもしれない．行動が激しかったり，全面介護が必要だったりする場合，物理的に距離をおきにくく，青年期の親子関係の再構築という課題には大きな困難を伴いやすい．適度な距離をもてるからこそ子ども自身の人生を尊重できるようになる．そのために，学校や地域に何ができるかについても重要な示唆を与えてくれているのではないか．

　たった一人の生活の場を見出すことに，こんなに努力を強いられる社会に大きな怒りを覚えるが，ユウくんの「人柄」を知った人たちの思いが地域を動かしたことにおおいに励まされる．

第2章

からだと心をひらき文化を手渡す

自己認識を深めることを主体性の育ちに

「ぼくの電動車いす」の実践から

野　津　　保

1　ぼくも電動車いすに乗ってみたい

　病棟と学校をバギーで押してもらって登下校しているAは，病弱養護学校小学部の5年生である．生活を共にしている病棟の中高生は全員が電動車いすで移動している．教室の友だちは自力歩行できる友だちである．その中にあって，Aだけがバギーを押してもらって移動していた．

　A：ぼくも電動車いすに早く乗ってみたい．だって，○くんも□くんも電動車だもん．

　私：電動車いすがいいの？　電動車いすのどこがいいの？

　A：だって，自分の好きな所に行けるもん．

　ときどきこんな言葉を交わすことがあった．

　そのAも電動車いすに移行する時期がやってきた．5年生の8月にドクターからその認可がおり，年度末に完成する予定で新しい電動車いすの製作が進むことになった．

　誰かに押してもらって移動していたAにとっては，自分の意思で自由に移動できる電動車いすに乗り替えていくことは大きな転機である．そこで，電動車いすの製作過程に沿いながら，自分の身体や電動車いすの機能についての学習を設定することにした．学習を通して，自分の身体や自分と周りの世

界との結びつきについて「見つめる目」を深めていってほしいと期待した.

　学習のねらいを３点に設定した.

①現在使用しているバギーの機能と関連づけながら，自分自身の身体の動きについてその特徴がわかる.

②現在使用しているバギーの機能を振り返り，新しい電動車いすに備えてほしい機能について考える.

③電動車いすができるまでに，製作にかかわってくれる人たちについて調べ，多くの人との結びつきの中で電動車いすができていくことがわかる.

2　今，使っているバギーにはどんな工夫があるかなあ

　まずは，現在のバギーに施されているさまざまな工夫について調べてみた.

　Aをバギーからおろす. 毎日乗っているバギーを改めて見つめ直していくことから学習を始めた.「まくら（ヘッドレスト）がある. はずせるようにできている」「座るところ（座面）にへこみがある. 座るところは布でできている」「背もたれにまるみがある」等，形状や材質や機能を調べていった.「座るところが取り外せるようになっている. 家に帰った時は，はずしてそのまま畳の上において，テレビなんかを見ているんだよ」と生活場面での使い方も含めて発表した.

　一緒に学習している友だちは「背もたれの右側と左側とではでっぱり（ふくらみ）がちがう」「やわらかい布でできている. さわるとふさふさしている」と実際に手で確かめた感触を発表していた（**資料１**. その後，友だちは心臓疾患の手術のため長期欠席となり，A単独の学習となった).

3　ぼくの身体を見つめてみよう

　「なぜ，そのような工夫がなされているか」バギーの工夫と関連づけながら自分の身体の動きについて調べていくことにした.

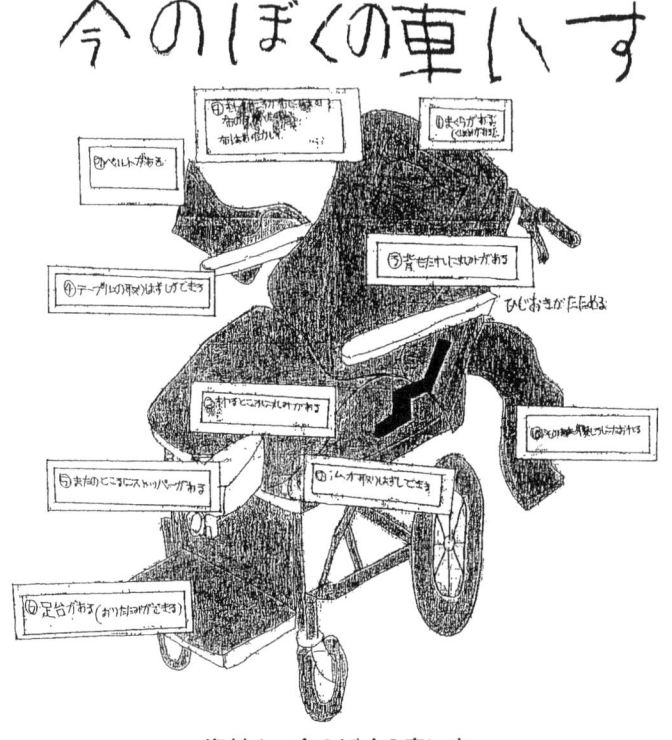

資料1　今のぼくの車いす

A：ぼくの首は，何もないと倒れてしまう．いつも前に倒れる．急ブレーキがかかるとガクッとすぐ倒れる．

私：どんなときに倒れやすいの？

A：先生が車いすを急に止めたりするとガクッと倒れる．ガタガタ道もすぐ倒れる．ガタガタ道を通って田んぼに行く時もすぐに倒れたね．ぼくは，一人では頭が起こせない．○○ちゃんが急にバギーを押したりすると，ガクッと後ろのまくら（ヘッドレスト）にぶつかったりするよね．

私：今（授業中）は，どうして頭を起こすことができているのかな？

A：肘をテーブルの上に置いているから頭が倒れない．テーブルがなかっ

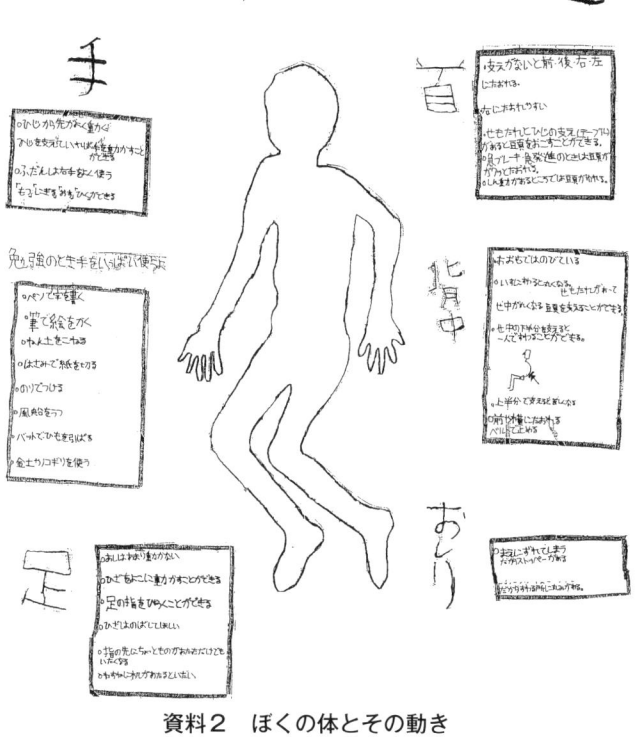

資料2　ぼくの体とその動き

　たらすぐに倒れる.

　私：テーブルの威力ってすごいよね. よかったね, テーブルあって…

　このようなやりとりを繰り返しながら, 首, 背中, おしり, 足などの部位について「一人でできること」「一人ではできないこと」「支えがあればできること」の３つの視点で整理していった.

　「テーブルや背もたれがあると, そこに肘を置くから, ぼくは頭を起こすことができる」「テーブルがあると, ぼくは腕を動かすことができる. テーブルがなかったら, 腕が下がったままになって, なんにもできない」「ストッパーがないと体がずり落ちてしまうけれど, ストッパーがあるので落ちな

ぼくは　じょうずに歩けない

ぼくは　じょうずに話せない

ぼくは　ジャンプできない

でもぼくは、へたでもいっしょうけんめい歩くことができる

　　　ぼくは、心をこめて話すことができる

　　　ぼくは　空を近くに感じることができる

ぼくの力は小さい

でもいろんなことをしたい

ぼくは　大切な人たちを愛したい

　　　そして　すべての人を愛したい

心の中にいっぱいの夢をもって

一歩一歩進みたい

資料3　"We can stand" の実践から

い」などの発言がいっぱい出てきた.

　バギーの背もたれは，大きくえぐれるように湾曲しており，そこでAの上半身を受けとめ，座る状態を維持している．Aの脊柱や背筋は一人では自分の頭の重さや上半身を支えきれないので，バギーの湾曲によって座る状態が維持されている．Aを座らせて，私の手を脊柱のいろいろなところに当ててみる．ある一点に手を置くと，湾曲のバランスがとれて，Aが頭と上半身を起こすことができる．「あ，ここでぼくの身体を支えているんだね」と自分の上半身を支えるポイントを見つけながら，背もたれのへこみのもつ意味について発見があった.

　手に関しては日頃の学習の中でできていることをたくさん発言した．「できた」という体験が大きな自信になっていることが伝わってきた．Aの身体は，末端にいくほど機能が維持されている．Aにとって今の生活の中で手を使うことの大切さを改めて思い知らされた.

　自分の身体の部位について調べたことを新聞にまとめることにした．まず，大きな紙の上にAを寝かせ，そこに等身大の全体像を描く．身体の部位について調べたことを書き加えていく．「支えがなくても，一人でできてい

ぼくのできること

ぼくは頭がたおれてしまったら
　　自分で頭をおこせない
ぼくは背骨が曲がっているから
　　一人ですわれない
ぼくはうでをあげる力が弱いから
　　おもいっきり動かすことができない

でも
頭のまわりに支えがあると
　　たおれずに前を見ることができる
背もたれやまくらやベルトがあると
　　一人ですわることができる
テーブルや肘おきがあると
　　手を動かすことができる
　　ペンで字を書くことができる
　　筆で絵をかくことができる
　　ハサミで紙をきることができる
　　のりでつけることができる
　　ねん土をこねることができる
　　風船をうつこともできる
　　バットでボールをうつことができる
　　いっぱい手を使うことができる

ぼくは車イスを押してもらわないと
　　どこにも行くことができない
だけど
電動車になると
　　自分で行きたいところに行くことができる
電動車になったら
　　一人で外に行ってみたいなあ

資料4　ぼくのできること

ること」は黒で，「できていないこと」は赤で，「支えがあるとできること」
は青で，色分けしていった（**資料2**）．

　学習のまとめとして，調べたことをもとに一つの詩を作成した．

　まず，参考にしてほしい一つの詩をAに示した（**資料3**）．「この詩をまね
ていいから，自分が発見した自分の身体について詩を作ってみよう」と投げ
かけ，できあがった詩（**資料4**）をAと読み上げてみる．読み上げている最
中に胸が熱くなってきた．Aはどんな思いで自分の身体を見つめたのだろう
か，今の自分を受けとめているのだろうか，そして，新しい電動車いすには
どんな夢を描いているのだろうかと考えた．Aの詩は，自分の身体について

調べた学習の成果であり，新しい電動車いすへのねがいが率直に語られているものとして受けとめた．

4　新しい電動車いすにつけてほしい工夫を考えてみよう

今のバギーでの生活を振り返り，「困っていること」や「あぶなかったこと」などをもとに，新しい電動車いすにつけてほしい工夫を考えていくことにした．以下の4点のアイデア（要望）が出てきた．

＜頭のガード＞急ブレーキをかけた時に，ガクッとならないようにしてほしい．

＜スピードの調節＞ゆっくりスタートして，ゆっくり止まる

＜テーブルの角＞テーブルに囲いをつけて，物が落ちないようにしてほしい

＜広い足台＞指がはみ出すと，ものがあたった時にいたい．

Aの要望を手紙に書いて，製作するT工房に直接出かけていって手渡した．それ以降もT工房に何度か出かけて，実際に電動車いすが作られていく過程を自分の目で確かめた．

T工房は，もともと，ていねいに障害のある方本人の願いを受けとめた車いす作りに取り組んでいる．フレームの色はどんな色にするか，座面の布の感触はどんなものにするか，レバーはどんな色や形がいいか，一つ一つの部品について，Aに問いかけ，Aのねがいを引き出し，受けとめながら製作に取り組んでくれた．

電動車いすについて，当事者である自分の願いを出していくことで，電動車いすで生活する主体者としての意識を高め，「自分の願いがこもった移動手段」として生活の中で積極的に使いこなしていこうとする気持ちが高まることを期待した．

5　電動車いすを応援してくれた人たち

電動車いすの製作過程を撮影した写真をもとに，どのような人たちが製作

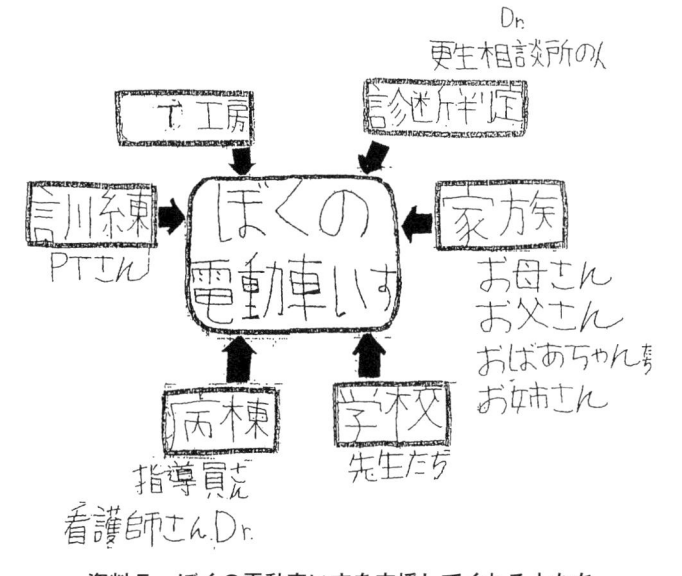

資料5　ぼくの電動車いすを応援してくれる人たち

にかかかわってきてくれたか調べることにした.

　8月　車いす製作の許可についての診断場面

　9月　病棟の機能訓練室での測定場面

　11月　T工房の見学場面

　1月　「仮合わせ」の場面

　それぞれの機会に写真に写っている人たちは, どんな願いをもって, どんな役割をもって, そこに立ち会ったのか, 確認していった. 一枚一枚に登場する人たちが, 病棟の生活, 学校での生活, 訓練や治療において, どのような仕事をしてくれているか調べていった.

　一人一人の名前を確認し, カードに記入しながら「たくさんの人の名前が出てきたね」と感想を漏らしていた. 授業の最後に, できあがった新聞を見ながら, Aはしみじみと「これは, ぼくの車いすだけど, ぼくだけのいすじゃないね」とつぶやいた (**資料5**). ぼくの車いす製作のために多くの人がかかわってくれた事実を知ることで, 「ぼくの車いすだけど, みんなの車い

昨日電動車の仮りあわせがありました。T工房の　○さんがもってきました。光る青のフレームでした。黒のバッテリーがあって重たい感じがしました。のってうんてんしました。レバーを動かしてみました。ちょっと動いてとまりました。少しずつ前に行きました。一人で動いたのははじめてです。手がふるえました。せなかにあせがでました。はじめてでちょっとつかれました。

資料6　日記より

すでもある」という認識も生まれたのでないかと考えている．

6　初運転の場面に立ち会って

病棟の訓練室において，「仮合わせ」があり，レバーの調節のためにAが初めて電動車いすを運転することになった．Aはおそるおそるレバーをゆっくりと引く．電動車いすがゆっくりと前に動き出した．ずっと他者からバギーを後ろから押してもらって生活していたAが，自分の意思で自分の行きたいところに向かって動き出しているのである．電動車いすは，自分の意思で動くということを可能にした大切な生活手段であることを再認識した．

実際に運転してみると，どうしても蛇行してしまう．Aの額から汗が流れ落ちる．「大丈夫．そのうち慣れてくるよ」と周りの私たちは声をかける．初めての運転を終えたAの背中は汗でびっしょりと濡れていた．私もAに声をかけながら，「ああ，Aは今，生まれて初めて自分の意思で動こうとしているのだなあ．私は今，そういう瞬間に立ち会っているのだなあ」とその緊張感を味わっていた（**資料6**）．

Aの姿を見つめながら，私自身は生まれて初めて自転車に乗った時のことや初めて自動車の仮免許で路上に出たときのことを思い出していた．Aもあの時の私と同じようなハラハラ感，ドキドキ感をもって運転しているのかと

思うとその重みは大きなものであるに違いない．一生記憶に残る緊張感であろうという思いで見つめていた．

7　発展実践として

　新しい年度になり，電動車いすでの学校生活が本格的に始まった．友だちが中庭で遊んでいるとＡもすぐにその輪に加わろうとする．病棟への帰り道はわざと遠回りをして帰ろうとする．休憩時間にはこっそりと体育館に向かい，誰もいない大きな空間を一人占めして，電動車いすを操り，笑顔で「動く自分」を体感している．

　6月に運動会があった．Ａの参加競技は電動車いすのスラローム．2センチほどの段差をゆっくり越えたり，ジグザグ走行で前や後ろに進み，応援している友だち，家族，教職員から大きな拍手をもらっていた．

　「一人でやります」「ぼくがやります」「なんとか工夫します」…Ａの口からこのような言葉がたびたび聞かれるようになってきた．電動車いすに替わるということは，「移動手段」の変更であると同時に，「生きる姿勢」の転機にもなっているように感じてくる．

　ところが，一見「自由に動きまわる生活」の中に，Ａなりに緊張感をもって電動車いすを操作している場面があることに気づいた．休憩時間に友だちと一緒に中庭に過ごすために，教室から出ようとするのだが，そこには，高さ2センチほどの段差（アルミサッシのレール）がある．Ａは段差の手前までくるといったん停止をする．最徐行して段差の上を渡り，中庭に前輪を着地させていく．「電動車いすになって自由にどこにでも行くことができると思っていたけれど，いろいろと気になる場所があるんだね」と声をかけると，一緒に遊んでいた友だちからすぐに「体育館にもあるよ」と返ってきた．

　「体育館は全面フロアのはずなのに」と思いながら，子どもたちと一緒に体育館に行ってみる．体育館フロアと倉庫の間に重たい木の扉があり，そこに高さ2センチのレールが敷いてあった．体育館でかくれんぼをして遊ぶ時

に，Aは倉庫に隠れようとしていつも困っているという．

これを契機に友だちと一緒に学校探検が始まった．単元名は「私たちの学校は，バリアフリーになっているか」である．新しい電動車いすを使っての私たちの学校はすべての人にとってやさしい学校になっているか，その探究が始まった（詳細は別の機会に）．

8 保護者の思いにふれて

Aが作った新聞を廊下に掲示した．参観日に訪れた母親は，「私は，一生この子の車いすを後ろから押して生きていくんだなあと覚悟を決めていました．そのわが子が自分で電動車いすを運転して動くことができるなんて夢のようです．その時に合わせて自分のことを見つめて，こんな勉強をして本当にうれしい」と感想を寄せてくれた．

電動車いすに替わるということは，Aにとっても母親にとっても，人生の大きな転機であることが伝わってきた．学習がその喜びをより深めていくことに結びついているならば，そのことは素直に喜びたい．

9 実践を振り返って

◆新しい電動車いすの主体者として

新しい電動車いすで生活するのはAである．電動車いすの製作過程からかかわることができたことは，「ぼくの電動車いす」という意識を高める上で大きな意味をもった．できあがった電動車いすは一つの「製品」として人から与えられたものではなく，「自分がねがいをこめてつくったもの」という当事者としての意識をもつことができた．

また，多くの人がかかわってできたことを知ることで，「ぼくだけの車いす」ではなくて「多くの人のねがいがこめられた車いす」として受けとめることができた．

こうした新しい車いすの受けとめが，「より，この車いすを大切に使って，

なんでも挑戦していこう」という前向きな姿勢を生み出すことに結びつくものであると考えている．

◆身体を見つめる３つの視点

　障害のある子どもたちが自分を見つめるといった時，どうしても「できない自分」「だめな自分」に直面せざるを得なくなる．Ａにとっても自分の身体を見つめるということは，「できない自分」との対面であったことだろうと考える．

　「できること」と「できないこと」を対比的もしくは羅列的に列挙するだけでは，「できないこと」の量的多さだけに目がいってしまい，「自分を見つめる」ことが「自分をそのまま受けとめる」ことに結びつかないのではないかと思う．

　この学習では，「新しい電動車いすに替わっていく」という未来を切り開く流れの中で自分を見つめていったから，「できないこともある自分」も受けとめていくことができたのではないだろうか．

　「できること」を蓄積していくことは，自己肯定感を育む上では大切なことではあるが，できる自分だけを蓄積することだけが，本当の自己肯定感に結びつくのであろうか．「できる自分」を土台にしつつ，「できない自分」も率直に見つめていく中で本当の自分の姿が見えてくるのでないかと思う．そして「できる自分」と「できない自分」の両面をきちんと受けとめていくことが，深い意味での自己肯定感であろうと考える．

　「ぼくにはできないことがいっぱいある．でも，工夫や支えがあるとできることもいっぱいある」とＡは自分のことを受けとめている．このことは障害のある子どもたちだけでなく，私たち大人も含めた人間本来の姿ではないだろうか．私たちも「できること」と「できないこと」の両面をもっており，「できないこと」に対しては，周りからの支えや励ましを受けることで生活を営んでいる．そして，周りの人との共同によって「できること」を広げて人生を刻んでいるように思う．Ａの学びの姿から私自身の人間の見つめ方も確かめることができた．

おわりに　教育観を支える教育実践を宿す

　私の手元に表紙が黄色くなった一つのレポートがある．今から40年以上前に手に入れたレポートである．「"We can stand" の学習〜障害者としての自己実現をめざして〜」(1976年，茂木節子，広島県立広島養護学校）という教育実践のレポートである．英語科の学習で助動詞 "can" の学習を通して，公害病の一つである水俣病を学習し，自分自身を見つめることに結びつけていった教育実践である．私たち学生は，このレポートをもとに，「本当の学力とはなにか」「教科教育のあり方はどうあればよいか」というテーマを掲げて，夜遅くまで何度も議論した．

　レポートの中に一人の高校生の詩があった．私はこの詩がいつまでも心に残って離れなかった．障害があってできないこと，できにくいことがいっぱいあっても，一生懸命自分自身の目標に向かって生きていこうとする高校生の姿が伝わってきた．すべてを否定してしまうのではなく，現在の自分の中の「できること」と「できないこと」を見つめ，できることをよりどころにしながらさらに高い自分に向かって歩もうとする姿は人間のあり方に迫っているのでないかと考えさせられた．

　そして，社会問題と鋭く切り結びながら学習内容を設定していく教科学習のあり方に感銘を受けた．教師の生きる姿勢が教科学習を通して生徒に伝わっていくことが，レポートを通して学生の私にも伝わってきた．

　それから40年，今でも心のどこかにこの詩をおきながら，「私は〜ができない．でも〜なら一生懸命できる」というように自分自身をとらえて自分の背中を押してきたように思う．

　これまでも，何度かこの詩を性教育や公害の学習，障害理解学習の中で子どもたちに伝えてきた．このたびも，この詩を示してAの自己理解につなげたいと考えた．すぐれた教育実践は，何年，何十年たっても色あせることなく，むしろ，内包するその豊かな教訓は，尽きることなく今になお「教育とは何か」という命題のヒントを与えてくれる．そういう教育実践を心に宿しておくことの大切さをかみしめている．

【付記】本稿は，全国障害者問題研究会第37回全国大会（2003年）「理科・
　　　　社会・生活総合」分科会レポートをもとに作成した．

「We can stand」の実践記録は，以下で読むことができる．
茂木節子（1983）誇りある高校生活を自分たちの手で．茂木俊彦編，生活の
力を育てる障害児教育の実践3，あゆみ出版．

ねがいから出発する自分の発見と生活を拓く学び

猪 狩 恵美子

　この報告は，野津先生がかつて勤務していた病弱養護学校（当時）での実践である．

　Aくんのように，年齢とともに運動機能が低下していく子どもとの出会いは，病弱教育だけでなく肢体不自由教育でもある．病弱教育で学ぶ子どもの病類には重複障害が２割程度を占めているほか，神経疾患と分類されている脳性まひや筋ジストロフィーなども含まれており，病弱教育と肢体不自由教育の対象は重なりあう部分も多い．車いすや電動車いすに切り替える時期の子どもとのかかわりを経験した教師は少なくないだろう．

　しかし，車いすづくりの過程で，子どもにとって切実な障害や生活の変化をここまでしっかり受けとめ，子ども自身の学びとしている授業に驚きを覚えるのは私だけでないにちがいない．病弱教育として考えるべきことは多いが，障害種をこえて，子どもが主人公になる授業づくりとして考えてみたい実践である．

◆車いすづくりを教育としてとらえる

　Aくんのバギーは，からだの状態を配慮して工房が製作し，Aくんは小学部入学時から，それを「押してもらう」生活を続けてきた．

　障害の進行に伴って，小学校高学年から中学生段階で車いす・電動車いすに切り替えていく時，本人・家族に複雑な思いが生じることも少なくない．

教師が立ち入りがたい場合もある。Aくんの場合、「電動車いすに早く乗り たい」という明確な要求をもっていたことが学習をスムーズにした面はある だろうが、この実践で大事なところは、主治医の「認可」を受けた後、「あ とは業者さんに任せる」とはせず、教室での教育活動につなげていった点で ある。電動車いすの製作過程に、いま、どれくらい担任教師がかかわってい るだろうか。むしろ、専門家・専門機関にお任せとする傾向が強くなってい るのではないだろうか。子どもが電動車いすを使うことの意味を教育として とらえてこそ生まれた実践である。

この報告の付記に、「理科・社会・生活・総合」分科会で発表されたとあ るが、「自立活動」という視点で読んだ方も多いのではないだろうか。

教科学習と自立活動の教育課程上の位置づけは、一旦枠組みが決まると議 論になりにくく、自立活動という名称への変更後も、自立活動の指導場面で はスキル獲得や作業といった色彩が強い。

野津実践において子ども自身が、自らのからだと生活に向きあい、学習を 通して、自己理解と周りの世界を見つめ、考える力を深めていった姿に、教 科学習と結合した、学びに裏打ちされた「自立活動」の可能性が示されてい る。

◆ 子どものねがいから出発する学びと自己理解

野津先生のなかで、「ぼくの電動車いす」の学習はいつの時点で計画され たのだろうか。まさにこの電動車いす導入の時期を大事な節目ととらえ、学 習がしかけられている。医師の「認可」で動き出した時、すかさずダイナミ ックに「いま」をとらえた学びへつなげているのは、教師の役割、教材観・ 指導観である。

医療の進歩で、子どもたちも病気の治療を続けながら大人になっていく時 代を迎え、病気か健康かという二分法ではなく、新しい健康観として「主体 的に自由度を広げる生き方」が提起されている。野津実践でも、単なるでき る・できないという対比ではなく、「支えがあればできること」という視点 を加えることで、自分への理解と夢が、ぐんと深まっている。今日、問いか

けられている「自立とは何か」という視点である．

　車いすづくりが教材になるという理解ではなく，この実践がAくんの気持ち，要求をしっかりと土台にすえている点を見落とすことはできない．そこから，きめ細やかに，Aくん自身が気づき，考え，わかる過程が組み立てられていく．

　一つひとつの学習の過程は，Aくんの現実から出発し，わかりやすく具体的である．残念ながら誌面で資料の文字を読み取ることはできないが，ふつうに見る・注意して見る・想像して見るというように，見方が深まり，ことばや文字となってたしかなものになっている．Aくんは「バギーをしっかり見る」「自分のからだと生活の折々に感じたことを整理する」「次の電動車いすを設計する」という見事な発展学習の主人公になっているといえる．

　ともすれば準ずる教育・教科学習が重視される学習集団では，「からだ」と対話しながら学ぶ時間・活動が省略されがちである．教科書中心の勉強が重視される忙しい学校生活では，からだの疲れ・痛みも，気持ちのよさも気づきにくくなる．抽象的な「自分」ではなく，自分のからだを感じとり，そこで生まれるいろいろな感情・感覚をことばにしていくことが，車いすづくりを自己理解と夢の実現という貴重な学習に発展させたといえる．感じなければ何も見えないし，語りたくなる心の動きがなければこうした実践にはならなかっただろう．この実践では「からだ」や自分の生活に向かいあうことが大切な出発となっている．そして，自分のねがいをどう実現していくか，実際の車いすづくりを「応援してくれる人たち」との出会いで学んでいる．ていねいな感じとり・気づきを，ことばや文字にして教師と確かめあい，「応援してくれる人たち」に伝え，伝わる——自己理解を深める学習にとって大切な視点になるだろう．

◆安心と共感——ともに歩む教師，仲間がいる

　近年，特別支援学校の指導で，自立や主体性は非常に重視されている．しかし，自立や主体性の実体は明確にしにくい．「教師が決めた計画と正解」のなかでの勉強と，主体性を育てる学習は異質である．この報告には，ま

た，ただ傍観者的に子どもの変化を見るのではなく，Aくんの発言や行動に自分の経験を重ねながら共感している教師のまなざし，姿がある.

　Aくんは，たまたま，「いい教材」「うまい教え方」と出会ったからではなく，安心できる教師・仲間集団とのこれまでの経験を通して，のびのびと見つめ，語りながら，わかっていく自分と出会い，さらに「応援してくれる人たち」と出会っていったといえよう. 自分のねがいを実現していく道筋と人への信頼を学んだにちがいない. それは生活を見つめ，自ら生活に働きかけていく「生きる力」である.

　主体性を育む学びは，指導技術だけではなく，子どもとの信頼に裏打ちされた教師の生き方，学校のあり方が土台なのだと語りかける実践である. 野津実践は「教育観を支える教育実践を心に宿す大切さ」を述べている.「教育とは何か」という真摯な問いは，すぐれた教育実践に出会い，たしかなものになっていく. 多忙化やマニュアル化に流されがちな今日，教育実践に学び「教師の生きる姿勢」を軸にすえた授業づくりをしっかりとすすめていきたいものである.

◆おわりに

　電動車いすがAくんに「認可」された理由は書かれていないが，学校現場では，身体機能の低下で導入されることが多い. 情報機器の活用に比べると取り上げられることは少ないが，Aくんのように車いすの自力操作が難しい子どもを含めて，楽に自由に移動できる電動車いすの活用は，教育・発達の視点から積極的に検討していく必要があるのではないだろうか.

言葉の力を豊かに育む授業

中学部1年生のグループ学習(国語科)による絵本づくり

鶴 町 喜代子

はじめに

「勉強っておもしろい」「もっといろいろなことを知りたい」「今度はこんな勉強がしたい」…子どもたちにそんな気持ちをもって‘勉強’してほしいと願っている．しかし，実践を振り返って考えてみると，自分の思いだけが先に立っているようで，これでよかったのか，子どもたちの力を引き出し，高める取り組みになっているのか…．子どもたちのわかる喜びや学習の楽しさ，おもしろさ，意欲がいっぱいにふくらむ授業づくりについて，中学部1年生のグループ学習（国語科）の取り組みを振り返り，考えてみたい．

1　グループ学習とグループの子どもたち

　本校中学部では，認識発達のおおよその段階別で編成した学習グループで国語科（ことば）と数学科（かず）の内容を学習している．中学1年生は13名を4グループに分けている．
　本グループは，男子2名（Mくん，Hくん）女子3名（Aさん，Tさん，Yさん）の5人．
　国語科の実態としては，絵本を読んで簡単な読解ができる子どもから，平仮名の拾い読みができ始めた子どもまで，差が大きく，学習内容への要求・

課題は違っている．また，広汎性発達障害や自閉症，知的障害と障害は多様である．言葉のイメージをもち，読み聞かせや簡単な劇を楽しむことができる子どもたちのグループである．

◆**こんな授業がしたい──国語の授業への思い**

「言葉で会話ができたら…と思います」「ほんとうはそうは言っていないのかもしれないけれど，私にはそう聞こえるから（そう理解している）」…言葉のない子をもつお母さんの言葉である．お母さんたちはとてもよく子どもたちに話しかけている．きっとたくさんおしゃべりがしたくて，気持ちのつながりを言葉で伝えあいたくて，毎日たくさんの言葉を子どもたちに伝えているのだと思う．

お母さん方と話しながら，私は改めて「話し言葉がない子であっても，その心の中にはたくさんの『ことば』がある」「授業を通して，子どもたちの『ことばの力』を豊かにはぐくみたい」そんな思いを強くもった．そして，国語の授業について，話したり理解したりできる言葉を増やすことや，『読み書きの力』をつけることにとどまらないで，子どもたちが自分の世界を生き生きと広げることができるような授業をしたいと考えた．

2　中学生になって初めての学習「詩の授業」

全員話し言葉をもち，生活の中で活発にやりとりしたりおしゃべりを楽しんだりしていた子どもたちであるが，自分の気持ちや感じたことを表現することには消極的だった．そこで，「表現することに自信をもち，自分の気持ちや感じたことを自分の言葉で表現できるようになってほしい」「言葉の素晴らしさに気づき，言葉でのやりとりがかけがえのないものであることに気づいてほしい」と考え，次の4つをねらいとし，まず「詩の授業」に取り組んだ．①詩を読み，その内容を読みとって理解したり，表現に気づいたりする．②語彙を増やし，言葉のイメージを豊かにする．③自分の思いや考えをふくらませ，自分の言葉で話し，文字で綴る．④さまざまな作品（詩）にふ

れ，豊かな感性をはぐくむ．

◆詩を読もう，詩を書こう

　子どもたちにとっては初めての学習なので，まず詩の雰囲気を感じるために
いろいろな詩を読むことにした．初めに教師が書いたものを「最初の詩」
として取り上げた．身近な教師の書いたものを読むことで，「言葉と気持ち
がつながっている」ことを感じられたらと考えたからであるが，自分や友だ
ちの名前が出てきたり，学校生活のエピソードが書かれたりしていたので，
内容がよくわかり，興味をもつことができたようだった．Ａさんは詩が書か
れたプリントを離さずにずっと持っていたし，Ｔさんは詩のなかの自分の名
前や友だちの名前を確かめながら繰り返し読み，うれしそうにしていた．

　少しずつ詩を読むことの楽しさを感じ，興味をもつことができたので，次
に言葉のテンポがリズミカルなものやわかりやすい言葉で表現されている
『のはらうたⅠ・Ⅱ』（工藤直子，童話屋）を取り上げた．

　「詩って何よ？」「わかんないよ」「それより劇をしようよ」などと言って，
詩の学習に消極的だった子どもたちも，繰り返し読むうちに，言葉から詩の
内容がわかり，内容がわかるとおもしろさが増し，「読みたい」気持ちがふ
くらんだようだった．「一人で読む」「みんなで読む」「交代しながら読む」
など，いろいろな読み方をしたが，子どもによって違う読み方，声の響きが
あり，読む楽しさが増したようだった．先を競って読んでいた．また，語感
の楽しさなど少しずつ詩の世界を感じることができるようになり，自分から
好きな詩を見つけていた．そして，読むだけでなく自分で気づいたことや感
じたことを「綴りたい」気持ちも生まれ，自分なりに言葉のイメージを広
げ，「読んだり書いたり」を楽しむことができるようになっていた．

　グループ学習が始まった頃には，自分一人では文字を綴ることができなか
ったＴさんとＨくんには，やりとりをていねいにして自分が書きたいことを
思い起こし，言葉に表してから書くようにした．国語の学習に自信がなく，
読むことにも書くことにも引っ込み思案で，自分の言葉で話すことができな
かった二人だったが，授業が進む中で周りの友だちの学習する姿にも支えら

れ，「伝えたい」「表現したい」思いを高め，たくさんの「詩」を書き，発表できるようになっていった．誤字や脱字もあったが，「書く喜び」や「読む楽しさ」を自分のものにしていたように思う．

　「好きなもの」を題材に書き始めた学習は，子どもたちに「思いを綴る楽しさ」を感じさせた．題材も自然のことや自分の周りの人やもの，印象に残った出来事など，自分で題材を見つけてさまざまな内容で書くことを楽しめるようになった．また，友だちが書き始めると「わたしも…」と同じ題材で書いたりするなど，友だちと同じ題材を一緒に書こうとする様子も見られるようになった．

　　　　ともだち　　　　Ａ
　　ねえおともだち　あそぼ
　　ねえおともだち　いっしょ
　　ねえおともだち　げんき
　　ねえおともだち　なりたい
　　ねえあそびは　おともだちいる
　　ほんと　ともだち

　「一番の仲良しは？」「○○さんのどこが好きなの？」などと，他の子どもたちとのやりとりを見ていたＡさんが，自分から書き始めたものである．友だちへの思いがふくらむので，書いている時のみんなの表情はとても明るかったが，その様子から「わたしも…」と思ったようである．休み時間も一人でいることが多く，友だちから「一緒に○○しよう」と誘われてもすっと離れてしまい，一緒に何かを楽しむ姿が見られなかったＡさんだが，心の中では「ねえおともだち」と呼びかけていたのだろう．改めてＡさんの心の内を考えさせられた．「書きたい」と思ったことを自由に書いてほしいと考えていたが，その後もいろいろな題材で楽しそうに書いているＡさんは，「思いを綴る楽しさや喜び」にあふれていることが感じられた．

◆一人の言葉をみんなのものに──「みんなで一つの詩をつくろう」

　一人ひとりが思いを綴ることを重ねる中で子どもたちは書くことに慣れ，また友だちの作品にも興味をもって聞き取ることができるようになってきたので，次にみんなで題名を決め，それに合わせて言葉を選びつないでいく学習を進めた．

　ちょうど季節が秋だったこともあり，最初に「秋」という題名が選ばれた．「『秋』からみんなは何を思う？　思いつく言葉を言ってみよう」と投げかけると，「秋の食べ物はきのこ」「秋は紅葉」「秋は運動会」など，子どもたちから秋をイメージするものが次々に出され，「まっかだな～　まっかだな～」と歌い始める子も現れた．子どもたちが考えた言葉を書き出し，それらを話し合いながら並べ替えることにしたが，「食べ物は食べ物でまとめた方がいいよ」というMくんの意見にみんながうなずき，「秋はきのこ」「秋はさんま」とそれぞれが秋の食べ物を考えだすと，活発なやりとりの中で「秋の〇〇」が次々に生まれた．

　　　　　みんなの秋
　　秋の景色　もみじ　とんぼのせなか　どんぐりころころ
　　秋のうた　小さい秋みつけた
　　秋の学校　運動会　バザー　バーベキュー
　　秋の景色　たんぽや木があかくなった
　　秋のはっぱ　イチョウ　すすき　むらさきしきぶ
　　秋のたべもの　パンプキン　ぽかぽかやきいも　やきぐりとまつたけ
　　みんなの秋にかこまれている

　「友だちの言葉」と「自分の言葉」をつなぎながら，みんなで一つのテーマを紡いでいくことや，みんなで話し合い，かかわりながら仕上げていくことを経験したこの「みんなでつくる」活動は，とても楽しかったようで，「もっとやろうよ」という子どもたちの言葉が続き，しばらく継続して取り組んだ．

3　言葉の世界をもっと豊かに──「絵本をつくろう」

◆「りんごがひとつ」

　これまでの授業を通して「自分の思いや考えを言葉や文字で表す」ことが楽しいと気づいた子どもたちに，次はいろいろな言葉を自分なりに考え工夫して使うとともに，友だちが考えたそれとすり合わせながら，みんなで一つのまとまった物語に仕上げていく学習を取り上げることにした．

　ねらいは以下の３点である．①お話を読み取り，その内容を理解してその世界を楽しむ．②自分なりのイメージでお話の世界を拡げる．③友だちのイメージと自分のイメージをつないでストーリーをつくる．

　子どもたちが全てを創作することは難しいと思われたので，まずもとになる絵本を読み取り，そこから自分なりのイメージを広げて新たなストーリーに仕上げていくことにした．

　『りんごがひとつ』（作・絵ふくだすぐる，岩崎書店）は，手製の紙芝居にして楽しく読んだものである．内容的にも繰り返しがあり，ストーリーをつくりやすいと思えたので，教師が選んで子どもたちに提案した．また，この絵本のテーマでもある「相手を思いやること」や「何かする時には理由があること」「怒ることと許すこと」などを，子どもたちに考えてほしいとも考えた．自分たちがお話をつくりかえる時に，どんなふうに変えるのか，原作をどのように読み取って感じていたのか，そのことへの期待もあった．

　実際には，あらすじ全体を理解できる子どももいたが，例えばある印象的な場面について語ることはできるが，断片的な理解にとどまり，お話全体を理解するのは難しい子どももいた．

◆みんなでお話をつくりかえる

　まずみんなで自分がイメージしたものを出しあうことにし，友だちの考えたストーリーを聞くようにした．友だちの考えたストーリーが手がかりになって，新たなイメージがふくらむ様子もあり，それぞれ自分の考えるストー

リーを楽しく伝えあう様子が見られた.

　話し合いを進めるにあたって, 自分の考えをしっかりと表現できるようにゆっくり時間をかけ, 一人ひとりの発言に気持ちを向けながら展開した. 詰まったり, 口ごもったりしていた時は, 意図を受けとめ, 場合によっては補足したり強調したりしながら, ほかの子どもたちに伝えていくことも大切にした.

　「『りんごがひとつ』と同じ題名で, でも出てくるものは違って, せりふも違う, 別のお話をつくってみようよ」と言ってスタートした. 「えー, 無理だよ」「わかんないよ」自分たちで物語をつくることができるとは思っていない子どもたちに, 「大丈夫, 一人じゃ無理かもしれないけど, みんなで考えてみたらきっとおもしろいお話になると思うよ」と話しながら進めたが, 納得したような, しないような, そんな授業の始まりだった.

・登場人物を考える

　原作の主役は「さるの親子」. 「主役は誰にするの？」と聞くと, 「さる」「ねこ」「くま」いろいろな動物が出てくるなかで, 「さめ」とTさんが提案した. 「さる」から「さめ」を連想したのかみんなも気に入り, 主役は「さめの親子」になった. 次は原作の大事なシンボルの「りんご」について相談をした. 「りんごはどうする？」と聞くと, いろいろなものが出てきたが, 「みかん」「かき」「パイナップル」と, やっぱり果物が中心だった. 「青りんご」という声もあったが, 相談の結果, やはり赤いりんごがいいということになり, 「りんご」に決まった. 動物の名前や果物の名前はみんなよく知っているので, 思い思いに自分が考えたものを言い合っていたが, 「いつのまにか決まっていく」, そんな感じだった.

・ストーリーをまとめる

　「主役（さめ）とりんご」の大事なものが決まったので, 次に場面を追ってあらすじを作る話し合いをした. まず場面をどこにするか. 「さめは森にいないよ」とMくん. 「川」「違う. 海だよ」いろいろな意見がある中, 「さめ」は川を逃げることになり, 他の登場人物も「ざりがに」「えび」「たこ」など海や川に住む生き物となった.

「さめ」を追いかける場面では,「まってよー」「まってください.　まって
ください」「まてまてー」など, いろいろな言葉が出てきたが, あらすじを
考えると, いつのまにかせりふも一緒に考えているのだった. 自分が考える
場面の様子をそれぞれが話すうちに, 登場人物とおおよそのあらすじができ
あがっていた. またせりふを考えている時は, みんなとてもうれしそうで,
劇遊びをしている時のように, 身振りを交えて話し合っていた. お話の世界
を楽しみながら, 自分のイメージを一番伝え合えたところだったように思
う.

　グループのなかで一番おとなしく, いつも小さな声で話していたHくんだ
ったが, みんなで相談している時の声はけっして小さな声ではなかった. 主
役のさめの赤ちゃんの名前を相談していた時のこと,「『さめじろう』がいい
よ」というHくんの提案にみんなが賛成した場面があった. するとHくん
は, みんなが賛成してくれるとかえって不安になったようで, 友だちが考え
た名前の方がいいと言い出したのである. 話し合いのなかで, さめの赤ちゃ
んは2頭になり, Hくんはとてもうれしそうだったが, みんなでつくる絵本
だから「ほんとうにぼくの意見でいいのかな?」と思い, 不安になっていた
のだと思う. Hくんの繊細な心の動きに感動しながら,「2頭にすればいい」
という結論を出した子どもたちに感心をした.

　また, Aさんは他の人と上手に気持ちをつないでやりとりをすることが苦
手なので, あらすじを一緒に考えるこの活動にはうまく取り組めなかった.
そこで, 決まったあらすじをそのつど文章にして, Aさんに読んでもらうよ
うにした. Aさんは読むことがとても上手なので, 子どもたちはAさんの読
みを聴いて物語の世界を感じることができたようだった.「Aちゃん, じょ
うず」と拍手がおこることもあり, Aさんもとてもうれしそうにしていた.
普段は友だちと上手に気持ちをつなぐことが難しいAさんが, この場面では
しっかりと気持ちがつながっていたように思っている.

◆ストーリーに合わせて絵を描こう
　お話のあらすじにそった絵でないといけないので, まず自分たちの作った

お話をしっかり読み取ることにした.

＊読み聞かせを楽しむ：絵がなくても聴くことでお話のおおよそをつかむことのできる子どもたちだったが，よりはっきりとイメージをまとめることができるように，教師の読みをじっくり聴くようにさせた.

＊分担して絵を描く：お話のあらすじがわかると，自分の描きたい場面がでてきたようだった.「『まってください.まってください』とみんなはさめを追いかけました」のところはTさんがとてもやりたがり，さめがみんなに追いつめられ対決するところはMくんが描きたがるなど，自然に場面の分担ができあがっていた.また，それぞれのせりふが，その場面の雰囲気や様子をわかりやすくし，せりふのあるところは描きやすかったようだった.絵が得意の子どもたちばかりではないので，自信がなくなかなか描き始められない子どももあったが，「絵本をつくりたい」気持ちが消極的になった気持ちを支えてくれていたようで，友だちに手伝ってもらいながら描いたりしていた.分担されたことで「自分が描く」ことへの意識も高まったのか，全員がとても真剣に描いていた.

＊友だちが描いた場面をみんなで見あい，みんなのイメージに近づける：友だちが描いた絵をみんなで見あったが，絵を見るといろいろな意見が出てきた.Mくんは「さめ，怒った顔になっているかなあ？」と自分が描いた絵が心配になっていた.「怒った顔はどんなふうよ」とみんなに聞くMくんに，Yさんが「ぷんぷん」とほっぺをふくらませ，Tさんは腕を組んでみせた.目をつり上げているのはHくん.結局Mくんは，目をつり上げたさめに描き直していた.

　Yさんは障害のために（身体や手指をバランスよく使うことが難しい），絵を描くことはとても苦手だった.描きたい気持ちは強く，「こんな絵を描きたい」イメージもしっかりもっていたが，うまく描けないと苛立って黒塗りにしたりしていた.Yさんの複雑な気持ちに共感しながら，絵を描くことについてどう思っているのか聞いた.「先生が手伝って描いてもいいし，ワープロで文章のところを書いてくれてもいいけど，Yさんが決めて」と話したところ，「文章を書く」ということだったので，ト書きをお願いすること

にした．生き生きとワープロを操作している姿から，「書きたいのに書けな
かった」これまでが，「書ける喜び」「表現する喜び」に変わったことを感じ
た．

◆仕上げの読み聞かせ

　でき上がった絵本を「みんなのイメージにうまく合っているといいなあ」
「一人ひとりのイメージが友だちのそれとうまくつながっているといいなあ」
と思いながら，ていねいに読んだ．子どもたちにとって，自分たちで作った
初めての絵本．照れてちょっと恥ずかしそうだったHくんとMくん．「今度
はわたしに読ませて」と張り切っていたのはYさんとTさん．Aさんもとて
もうれしそうにしていた．みんなでつくり上げた喜びをみんなが感じていた
のだと思う．聴き終えた時の表情は，ちょっと誇らしげに見えた．

　文章はみんなで考え，話し合いながらつくり，絵は一人ひとり違う場面を
描いた．驚くほどぴったりとまとまった絵本ができた．

　　『リンゴがひとつ』（原文のまま）
　　　　　　　　仲間グループ作　ワープロY
　　リンゴがひとつ　かわからながれてきました．
　　さめとさかなたざりがに，いかとえびとたこが
　　みつけたよ．
　　みんなはおなかがぺこぺこ．
　　さめがバクってとったよ．
　　みんなはおおあわて．
　　さめが　どんどんにげた．バシャバシャおよいでにげた．
　　みんなが「まってください」「まってください」といておいかけた．
　　とうとうまがったかわにきた．
　　さめはおおきすぎていきどまり．
　　みんながおいついた．
　　みんなはかんかん．

「りんごをひとりじめするなんて.」

「おまえなんかきらいだ.」たこがいいた.

「ばかーー」えびがいった.

「ちゅちゅしちゃうぞ」どじょうがいった.

そらからからすが「あほーあほー」といった.

とうとうさめがなきだした. …ふりをした.

しかたがないね.「よわむし」みんなはかえっていった. …ふりをした.

みんなはほんとにおこった.

「おまえをきってやる」ざりがにがいった.

「しっぽをはさんでやる」かにがいった.

「すみをかけてやる」いかがいった.

みんなはおおごえをあげながら　さめにじりじりとちかづいた.

でもね. よくみると　さめはあかちゃんをだっこしていた.

かわいいかわいいあかちゃんだった.

いかとかにとどじょうはあかちゃんのなまえをきいたよ.

「このこのなまえはね, さめじろうとさめちひろよ. まだ1さいよ.」さめがおしえて　くれた.

みんなはさめじろうとさめちひろにりんごをあげた.

そしてみんなでなかよくおよいでかえっていった.

4　授業を終えて──「国語」の授業について

　本グループの子どもたちは一定の言葉の理解ができるが, それぞれの「話したり聞いたりする力」や「読み書きの力」は異なっていた. しかし,「詩を書こう」「詩を読もう」の学習を通して, 自分の思いや気づきを表現し, それをみんなで発表し合うことを積み上げていくなかで, 自分のことを表現することに慣れ, さらに教師や友だちが受けとめてくれる心地よさを感じられるようになった.

　国語の力で自信のなかったTさん, Hくんはみんなと同じ勉強をするうれ

しさを感じていたと思うが，このことは，他の子どもたちも同様だったのではないだろうか．友だちと一緒だからこそ，子どもたち一人ひとりが「言葉で気持ちを表現する力」を高め，「言葉に思いをのせて相手に伝えること」の楽しさやうれしさを感じることができたのではないか．子どもたちの姿から集団的な学習の素晴らしさをとても感じている．

「絵本をつくろう」の授業では，友だちの意見や発言に気持ちを向けて考え，自分の考えをまとめながら，せりふやストーリーを決めていった．友だちの考えと自分の考えをすり合わせながら上手に調整し，オリジナルの物語をつくり上げたが，物語をみんなで共有し，その世界を豊かに広げ，楽しめたと思う．このことについては，グループの子どもたちみんなが自分の言葉で表現していたから，互いの意見を尊重できたのではないかと思っている．互いにかけがえのない存在であると感じることができたことで，「みんなで力を高めあう」ことが，少しできたのではないかと思っている．

ところで，「読む」「書く」ことについては，子どもの実態や学習への関心にもよるが，大切に伸ばしていきたいと思う．「詩を書く」学習を通して「書こう」という気持ちがふくらんだ時，子どもたちは少しずつ自分の気持ちを見つめることができるようになっていった．また「書いてみたい」思いが高まったことで，生活の中でのいろいろなことに気持ちを向けることができるようになっていったとも思う．生活を豊かにしながら，文化を楽しむ力をつけていくためには，さらに「読み書きの力」をていねいに育んでいきたいと思う．Ｙさんがワープロを使うことで言葉の世界が豊かになったように，話し言葉と書き言葉の違いがそこにあるような気がしている．

子どもたちに「ʻことば'の力をつけたい」と願う時，まず自分の思いや気持ちが認められ，安心して話すことができる教室，さらに，それらをみんなが受けとめ，気持ちを向けて聞いてくれる教室（仲間・教師）があることを前提として大切にしたいと改めて思う．そして，そのような関係のもとでのʻ言葉の文化'を大切にした授業づくりをこれからも考えていきたいと思う．

子どもを見つめること，生活を楽しむこと，言葉が生まれること

川 地 亜弥子

　「子どもたちが自分の世界を生き生きと広げることができるような授業」．まずこのように目標を立てること自体に，困難さがある職場もあるだろう．具体的な行動目標で書きなさい，と言われ，「自分の世界」「生き生き」といった言葉を使えない…と困っている人も多いと思う．鶴町さんは，4つのより具体的な「ねらい」を立てているが，その背後に冒頭の大きな目標があり，それがこの実践の背骨になっている．

　じつは，鶴町さんの実践報告を直接伺ったことがなく，教室にお邪魔したこともない（鶴町さん，ごめんなさい）．ぜひ，教室で子どもたちが生き生きと自分の世界を広げる瞬間に立ち会ってみたい．そう感じた記録である．

◆読むこと，書くことを楽しむ

　詩を読む授業．中学生になって初めての学習だ．最初の詩は先生が書いたものである．楽しく読むことができたのだが，『のはらうた』に進もうとすると，子どもたちが「わかんないよ」「劇をしようよ」と言う．わからないことにわからないと言えるし，これまで劇をしっかり楽しんできたのだ．役割があって，動いて，話して…と自分たちでストーリーを動かす楽しさを味わってきたのではないかと思う．この経験があったからこそ，言葉だけの「詩」を楽しむことができたのではないだろうか．

　繰り返し読む中で，言葉から内容がわかり，わかることでさらにおもしろ

くなった．言葉が魔術的な魅力をもつ瞬間だ．そこに実際に何かがあるわけではないのに，言葉でイメージが広がるおもしろさ．いろんな読み方をすることで，読み方の違い，声の響きの違いを楽しみ，一人で読む時とは違う楽しさを味わっている．こうして読むうちに書くことにつながり，書くことができなかったTさんとHくんも言葉にしてから書くようになった．

　実態には差があるものの，「言葉のイメージをもち，読み聞かせや簡単な劇を楽しむことができる」子どもたち．しかし，「自分の気持ちや感じたことを表現することには消極的」だった．一般的にも，聞いたことや，したこと，見たことを表現することよりも，自分の気持ちや感じたことを表現することの方が難しい．ましてや中学生なので，泣いたり笑ったりというようなストレートな表現を小学生の頃のようにはしにくいことがあるだろう．短い言葉で，飛躍があってもそこがおもしろさにもなる詩は，子どもたちの実態に即しており，しかも表現の楽しさ，一緒に読むことで深めていけるおもしろさを感じる入り口としても重要だったと思われる．

　「ねえおともだち　なりたい」と書いたAさんは，普段一人でいることが多い．誘われても一人でいることが多かったのに，この詩を書いた．鶴町さんは，「心の中では『ねえおともだち』と呼びかけていたのだろう」とAさんの内面をとらえようとしている．誘われた時にはうまく応えることができなくとも（なんて言えばいいんだろう，どうすればいいんだろう，などと思うと，うまく入れないことは，私もよくある），書く時には，直接誘われてはいないので，自分の気持ちをそのまま表現することができたのかもしれない．

◆絵本をつくる──『りんごがひとつ』を読んで，つくりかえる

　みんなで詩をつくる経験も楽しんでから，絵本に取り組んだ．『りんごがひとつ』を読み，内容を味わうだけでなく，つくりかえてみよう，という取り組みである．「同じ題名で，でも出てくるものは違って，せりふも違う，別のお話をつくってみようよ」という呼びかけに，子どもたちは「えー，無理だよ」「わかんないよ」と言う．できるかなあ，どうだろう，という時に，

こうして「えー」から始まるのは，信頼感の表れでもある．

　主役を「さる」から「さめ」に変えた．登場人物を具体的に考えること
で，場面が決まり（「川」「海」），そこから他の登場人物も決まっていく．ス
トーリーを思い描く中で，「せりふ」も一緒に考えている，というのは，具
体的な場面がどんどん思い浮かんできて，話が展開しているということだろ
う．

　さめの赤ちゃんの名前を考える場面．Ｈくんの案にみんな賛成したのに，
かえってＨくんが不安になった．友だちが考えた名前の方がいいと言い出す
Ｈくん．話し合って，さめの赤ちゃんを２頭にした．Ｈくんの考えた「さめ
じろう」と，友だちが考えた名前（おそらく「さめちひろ」）と両方がつけ
られた．Ｈくんの不安も，みんなの意見も両方生きる解決である．

◆できた物語を味わう

　自分たちでつくった絵本を味わう場面．一緒に考えてきたのだから，一番
よく知っているのだけれど，しかしだからこそ，読む時はとても楽しみだ．

　さめを追いかける場面，曲がった川に追いこむ場面（大きいので，さめは
曲がれない），さめに怒る場面，さめがとうとう泣きだす…ふりをする場面，
許してあげる…ふりをする場面．そして，じつはさめに赤ちゃんがいること
がわかり，りんごをあげる場面．

　起承転結もあり，駆け引きに富んだ物語である．読むたびに，ストーリー
が再現されてうれしくなるだけではなく，そうやってみんなでつくってきた
プロセスも一緒に思い出されたことだろう．書いて読むということは，一度
経験したことをもう一度経験できるということだ，とよく言われるが，共同
でつくった物語を読むことで，物語そのものを楽しむことと，創る楽しみ
と，両方を何度も味わったことだろう．

◆子どもたちの役割分担

　この絵本づくりでは，みんなが同じように作成にかかわるのではなく，そ
れぞれの得意なことややりたいことを生かしている．あらすじづくりで朗読

を担当したＡさん．絵を思い通りに書けないで黒塗りにしていたＹさんは，ワープロで文章を書いた．どの場面を書くかも，それぞれの思いがある．絵本をつくるという目標をゆるやかに共有しながら，機械的に平等な貢献を求めない．こうした柔軟さが重要であったと思われる．

その一方で，おそらく先生も，子どもたちがイライラしたり，不安になったりした時に，葛藤を感じることもあっただろう．そうした先生方の子どもに寄せる思いを想像しながら読むと，いっそう実践記録を読む楽しみが増す．字数の限られた実践記録で，何もかも書いてもらうことは難しいのだが，その一方で，私たちに解釈・想像する楽しみを与えてくれる．

◆保護者と願いを共有する

「言葉で普通に（この子と）会話ができたら…」「私にはそう聞こえるから…」．鶴町さんは保護者を信頼し，わが子に語りかける姿から願いを読み取っている．この記録では直接的には書かれていないが，鶴町さんと保護者のみなさんとの間には，しっかりと信頼関係が築かれているのだ．子どもを信じて見つめる者同士のつながりが感じられる．もちろん，うまくわかりあえないこともあるだろう．しかし，目に見える現象，今できることだけで子どもをとらえるのではなく，その内面に願いを感じて働きかける，その大切さを共有できることが基盤になって，この学級の生活は進んでいる．

みんなでつくりあげる音楽発表会

松 本 将 孝

はじめに

　2010年の4月，初任者として特別支援学校に配属されることになった．中学校で社会を教えるつもりが，特別支援学校へ…．わからないままに，しかしわからないながらも，自分なりに勉強したり，レポートを発表したり，他の教員の実践やレポートに学びながらここまでやってきた．そして5年目（2014年度），最後の勤務の年．その年は中学部3年生の担任で，音楽の主担を持つことになった．

　この学校では，毎年12月に音楽発表会が校内で開催されていた．その音楽発表会は音楽の授業で取り組んだことを発表するというものだ．中学部までしかない学校，中学部3年生の子どもたちにとっては最後の音楽発表会．楽しくて，思い出に残って，そして「有終の美」を飾るためにはどのように演技づくりを行えばいいのかを悩みに悩んだ．また，その演技を成功させるために学年の教職員にどう協力してもらえばいいのかを考えた．本稿では，授業づくりとしての音楽発表会，職員集団づくりとしての音楽発表会，そこから子どもたち，そして教員の変化や様子を報告する．

1　28人の子どもたちと教員の状況

2014年度，合計28人の子どもたちが在籍していた．てんかん発作が頻発する子，身体の動きの自由がきかない子など，身体的に「しんどさ」を抱えた子たちがいる一方で，地域の小学校からやってきた子たちで感情表出が苦手な子，心に傷を負って特別支援学校にやってきた子など，さまざまな子どもたちがいた．ただ，この28人は全員揃って音楽が好き，歌うことが大好き，音楽に合わせて身体を動かすことも好き，楽器で演奏するのが大好きだった．友だちがやっているのを見たり聞いたりするのも好きな子どもたちだった．

　子どもたちを取り巻く学校の教員の状況はといえば，定年が間近な50代が多数，中間年齢層が少なくて，若手が多数という，いびつな年齢構成になっている．そのため若手が部主事・学年主任・校務分掌長を担う状況になっている．講師も多く教職員の入れ替わりが多い中，学年を重ねるごとに積み上げていく継続した取り組みがなかなか難しい．施設の老朽化も著しく進み，子どもたちの活動も保障しにくくなってきている．

　私が担任したこの学年は，持ち上がりの教員が少なかった．中1から中3まで3年間持ち上がった教員は2人，中2と中3の2年間担任したのが3人（うち1人が私），校内で別の学年を担当していた教員3人，転勤してきた教員が4人，合計12名の学年担任団だった．一緒に授業をつくるとはどういうことか，チームティーチングとは何か，支援とは何か，といった障害児教育で特に大切にされていることを細やかに伝えあう必要があった．

2　楽しい音楽の授業づくりをめざして

◆子どもたちが楽しめるような学習内容を考える

　この28人の子どもたちが音楽好きなのには，大きな理由があった．1・2年生と担当してきた教員が，歌唱・器楽・身体表現・鑑賞という音楽の授業の4要素をすべて含み，選曲から，楽器選び，指導まですべてが計算しつくされた授業をしていたのである．その結果，子どもたちが自由に，楽しんで表現でき，私自身もその授業を楽しんでいたのだった．

表1　音楽の授業で大切にしていくこと
①一人ひとりの子どもたち自身の楽しみ方を尊重する（無理やりには絶対させない）
②自分のできることで楽しく参加する（歌えなくても，楽器を使って参加する etc.）
③ダンスは動きを極力簡単にする（ちょっとでもできれば OK！　それでも難しい子は自分なりのフリでも OK！　身体模倣をねらう子にはしっかり見て踊ってもらう！　踊れる子は完璧をめざしてもらう！）
④とにかく楽しく!!

　ところが，子どもたちが3年生になった時，この教員が他学年の担当になってしまったのである．そこで，ちょっと音楽ができる（ピアノとリコーダーがちょっとでき，合唱を趣味にしている）私が引き継ぎ，音楽の主担になった．これまでの授業を引き継げるかはとても心配だった．しかし幸いなことに，私の相方となるもう一人の音楽担当教員は，特別支援学校勤務は初めてながら音楽専門の教員だった．これまでの音楽の授業を継承しつつ，3年生での学習計画を考えていく中で，これまで取り組んだことのない中学生向けの合唱曲，J-POP を使った身体表現（ダンス）にも挑戦してみたいと考えた．特に歌唱については力を入れたい．28人の子どもたちは歌うことが大好きなので，とにかく授業ではさまざまな曲を歌っていこうと決めた．子どもたちの歌声は，大人たちも元気にする．難しい曲も，簡単な曲も，元気な曲も，思いをはせる歌も，たくさんの歌を歌ってほしい．歌えない子も身体で表現したり，手話で表現したりできるように工夫もした．

　しかし全員が楽しめるものとなると，とても難しい．子どもたちは多様で抱えている困難もさまざま，楽しみ方もそれぞれ違うからである．これまでの音楽の授業を思い出しながら，音楽の授業で大切にしていくことを4つまとめ（表1），学年会議で確認した．

　じつは，無理やりにでも「させる」傾向が学校や学年の中でもあった．教員には，子どもたちの本来の姿をきちんと見つめてほしい，せめて私が行う授業では無理やりさせる指導は行ってほしくなかった．子どもたちに音楽の

授業を楽しんでほしい．担任集団内一人ひとりの教員のとらえ方がどのようだったかは私にはわからないが，私が最も信頼していた同僚にはその意図はしっかり伝わったと感じた．また，それを実行してくれた．

　1年間を通して意識してきたことは，音楽の「文化」を伝えるということだ．そもそも音楽は「音を楽しむ」ことと位置づけ，友だちや教員の音色を感じながら心地よさを感じたり，一緒に音を合わせるハーモニーの面白さ，時には曲の激しさやしっとり感を感じ分けること，そして自分たちで表現することがとても大切なことで，ここはしっかり意識して取り組むようにした．

◆教員みんなで，授業をつくる

　チームで授業をする上で，みんなで授業をつくるという意識がとても大切なことだと考えていた．新しい曲やダンスに取り組む時は，必ず授業前に教員で練習することを心がけた．子どもたちに見本を見せるためである．教員自身が，ダンスの練習では身体を思いっきり動かし，楽器の奏法の難しさを体感し，歌を一緒に練習して，学年の全教員で授業に取り組むという一体感をもってほしいと思っていた．これはすごく大切なことである．授業内容がわかっていることで，子どもたちの支援につなげられる．また，教員自身が授業を楽しみになることも期待できる．その結果，子どもたちも楽しく授業に取り組むことにつながっていくのだと私は考えている．この点は，今振り返って教員間で合意できていたように感じる．

3　音楽発表会に向けて

◆いつも通りの音楽の授業を舞台でやろう！

　音楽発表会は毎年12月の第1週の土曜日に実施される．2学期は体育発表会，修学旅行等，3年生独自の行事が多く，音楽の授業が変更になる可能性がある．したがって早い段階から音楽発表会に向けての取り組みを始めなければならなかった．夏休みに，相方の教員と音楽発表会のコンセプトと内

容について考えた．

「音楽の授業で取り組んだことを発表するのが音楽発表会」と，学校全体で位置づけている．第３学年28人の子どもたちは，普段の授業をとても楽しんでいる．私と相方の音楽教員と話し合った結果，「特別なことをする必要はなく，いつも通りの音楽をそのまま舞台でやればいい」という結論に至った．

まず，音楽の授業ではじめに歌っている２曲『ひとりじゃないさ』（作詞作曲：二本松はじめ），『ともだちできたよ』（作詞：藤巻吏絵，作曲：若松歓）は取り組むことを決めた．『ひとりじゃないさ』の曲中の掛け声は，子どもたちでやれるのではないか．

中学校生活最後の発表会にふさわしく，今までより難しい曲にもチャレンジしてほしい．そこで合奏ではリズムキープを行うドラム，運指が難しくなるリコーダー，伴奏的な木琴・マリンバ，曲を盛り上げる打楽器などたくさんの楽器を入れた『アメリカン・パトロール』（作曲：ミーチャム）を合奏することにした．また歌は，卒業への思いを込めて『流れゆく雲を見つめて』（作詞作曲：松井孝夫）を歌うことにした．さらに，これまでは取り組んだことがなかった現代曲でのダンス，EXILE の『VICTORY』に取り組むこととした．20分で５つの演技をするという盛り沢山な構成だったが，いつも授業でやっていることも入れているので，なんとかできるだろうと踏んだ．

合奏『アメリカン・パトロール』のパート分けについても，音楽の担当教員で話し合った．「○○くんはドラムをやってほしいなぁ」「△△さんには，もう一回リコーダーに挑戦してもらおう」「××さんはマリンバ好きだから，させてみようかな…」などと，子どもたちのいつもの音楽を楽しむ姿を引き出せるような演技プランを音楽担当で相談した．また，こちらの希望もあるが，できる限り子どもたちがやりたいパートを尊重することも担当で確認した．

上記のことをまとめて，学年会議に演技案を提示した．次は教員にどうかかわってもらうか．ここが私にとっては，ひとつの勝負どころでもあった．

表2　会議で学年職員に依頼したこと

①グループ内の子どもの並べ方（支援する担当者も）は，グループの先生で決めてください（全体指導をする音楽担当者が，細かい部分を見渡すのは難しい状況にあるため）

②足型など，子どもたちの支援に必要な道具は担任で作ってください（音楽担当者は演技全体のことを考えるので，細々とした支援まで目を配るのは難しいため．ただし，支援は必要最小限に）

③演技に使うスカーフは，子どもたちが使いやすいように担任で加工してください（担任が一番，その子にふさわしい加工ができるため）

④子どもが楽しめるような，子ども自身で動けるように支援をしてください（無理やりさせるのは厳禁！　手をつなぐのも極力やめてください．言葉かけも少なめに）

⑤並び方の変更や，楽器の変更，要望などはすぐに音楽担当者に伝えてください（全体を見て進めていますが，細々としたことは気づきにくいため）

◆学年の教員を巻き込むために…

　音楽発表会の前には，体育発表会・修学旅行と行事があったのだが，赴任して日の浅い，経験の少ない教員が多く，わからないが故に主担のプランにそのまま乗ってしまうという雰囲気が学年内にはあった．「係だけではなく，それぞれの教員が当事者意識をもって，全員が授業づくり・演技づくりにコミットしてほしい」と感じていた．また，何をしてよいかわからない教員もいたと思う．実際，私が1年目の時，何をしてよいかもわからなかったし，周りの教員の中には発表会に向けての雰囲気ができあがっていて，聞きにくい雰囲気もあった．その経験から，学年の教員たちの道しるべが必要だと考え，**表2**のような指導のポイントを学年会議で演技プランと同時に提示した．「子どもたちのこと，しっかり見てね！」という私のメッセージを込めた．演技中にどんな様子を見せるのか，今使っている支援の道具は適切なのか，自分の支援が子どもにとってわかりやすいものなのかを振り返る機会をもってほしかった．学年会議では，これに対する異論は出なかったが，全員に真意が理解されたかはわからなかった．一方で，これを読んですぐに私の

意図を感じてくれた教員もいて，自分のやるべきことを実行してくれた．

　また，舞台練習に突入するあたりから，楽器の運搬作業の協力をお願いした．楽器を一緒に運びながらの自然な会話の中でミニ反省会になり，「次は〇〇しよかー」「あれは△△したほうがええね」といった意見を出しあったり，細かい教員の動きについても確認を行ったりした．

　さらに予行の後は演技のビデオを教員で鑑賞し，演技について意見を出しあった．また，指導方法についても話をした．たとえば自信がなくて，取り組みができないＡ男くん．ちゃんと取り組んでいる友だちにちょっかいをかけていた．なぜちょっかいをかけているのか，どうすればＡ男くんは演技に前向きに取り組めるのか，担任とともに考えた．自信がないのはわかるけど，ちょっかいをかけるのはいかがなものか…といった意見もあった．この話し合いこそが大切で，教員の研鑽の場でもあると私は考える．話し合うことでお互いの支援・指導の技量を高めることができると信じてやまない．私自身もチームで話し合いながら力量を高め合う経験をしたので，ぜひそれを若い世代に継承したいという思いもあった．私は演技全体を見渡す立場から，子どもへの支援のあり方，「こうすればもっとよくなる！」のような意見も述べた．中には，「自分のクラスの子どもの支援の仕方のことを，この人はどうしてここまで口出ししてくるのだろうか」という雰囲気もあったように思うが，「すべては子どもたちの楽しい演技のために，子どもたちが最大に輝く演技のために」という思いは最後には通じるだろうと思っていた．指摘された教員は，私や学年集団の意見を聞き入れて，取り組んでくれた．「楽しい演技のため」「子どもたちが最大に輝く演技のため」というニュアンスである．

　こんなことを意識して，私が取り組む中でうれしいことがあった．われわれ音楽の主担が，本番での舞台裏の動きにまで気が回っていなかった中で，若手の教員が一覧のプリントにしてくれた．不足していることに自ら気づいて主体的に必要なことをしてくれたのがうれしかった．学年会でもきっちり意見を述べてくれた．互いに話し合って進める学年集団をめざしてきたことが，小さいけれど形になったようで，励まされた．

4　B子さんの伴奏

　B子さんは私が直接担任したわけではないのだが，音楽が本当に好きで，よく音のなる絵本を聞いたり，音楽を聴いたりしている女の子だ．他の活動に取り組んでいる途中で嫌になってしまった時でも，音楽を聴いて気持ちを切り替えると，再び参加できたりもする．そして，何よりピアノが大好きだ．B子さんは，誰がピアノを弾けるかがわかっていて，たとえば私がB子さんの教室に行くと，B子さんが自ら近づいてきて，私の腕を引っ張ってキーボードのところに連れていく．「一緒に弾いて！」の意思表示なのである．彼女が好きな曲は「きよしこの夜」なので，キーボードの時は一緒に指を動かしたり，時々私と同じ椅子に座って一緒に弾いたりもした．

　ただ大好きすぎて，音楽の時間中でも，教員が弾いているとピアノに向かって走ってくるのだ．伴奏者の妨げになるからと止められると，「ギャー！（悲劇）」と泣き叫んで授業は一時中断ということもあった．2年生の時には一時的に自分の気持ちを抑えていたのだろうが，3年生になって「やっぱり弾きたい！」という気持ちが強く，教員が弾いているとピアノに向かってきた．それが心配で，発表会ではピアノを使わないことも考えたが，今回の音楽発表会では子どもたちの掛け声や合奏に合わせて伴奏速度を調節する必要があったので，ピアノを使わないわけにもいかない事情があった．もし発表会で「ギャー（悲劇）」と泣いてしまったら，演技は台無しに…なんてことにもなりかねない．教員間で課題となった．

　B子さんの担任や学年の教員と話す中で，どうすればB子さんがしっかり参加できるのだろうかと考えた．全体指揮の立場としては，この曲はどうしても生ピアノ伴奏でいきたい強い思いもあった．「成功させなければ！　失敗してほしくない！」という思い…．

　そんな時，当時の学年主任が，「B子さん，ピアノ弾きたいんと違うんかな？」と言った．それを聞いた瞬間，「そうだ！　それだ！」と私はガツンとやられた気がした．そして，それに気づけなかった自分を悔いた．この学

年主任の意見に，音楽担当，Ｂ子さんの担任がそれに同意した．そのひと言がきっかけですべてが動き出し，Ｂ子さんのお母さんも含めて考えた結果，ピアノを使う２曲ではピアノの横に座って先生と一緒に伴奏してもらおう，それ以外の場面ではみんなと一緒に演技をしよう，という結論に至った．学年会議でもそのことを提案．それはＢ子さんにとっても，私を含む教員たちにとっても「挑戦」であった．

5　「何か元気ないなぁ」

　いつもの音楽の授業の部屋では歌も元気よく歌うし，合奏もダンスも自信をもって取り組むことができる 28 人の子どもたち．舞台練習に入るまでは，元気に積極的に練習に取り組んでいた．難しいリコーダーやドラムにも前向きだった．ダンスもノリノリに踊れていた．歌も大きな声で，感情を込めて歌えていた．ところが，体育館に行ってからの舞台練習になった途端に歌の練習では声は出ないし，ダンスや合奏の練習ではどうも自信がなさそうな姿なのである．なぜか子どもたち，教員もピリピリしている感じがしたのだ．
　教員のピリピリ感が子どもたちに伝わっていた．そうなると，それまでできていたことが「あれっ？　なんで？」ということになってしまったのである．「なんでだろう？」と振り返った時，なんかめちゃくちゃ注意して，疲れている自分に気がついたのだ．その結果，子どもたちがピリピリしてしまい，力が出せていないのだろうと私自身反省した．それに気づいてからは，練習を始める前に，「いつも通りやれば大丈夫！」「ニコニコ笑顔で！」と子どもたちに毎回話した（もちろん自分にも言い聞かせていたのだが）．舞台練習にも慣れてくると，子どもたちにも大人にも余裕が出てきたのか，28人らしい，ニコニコ笑顔で自由な演技ができるようになってきた．
　Ｂ子さんの練習も始まった．本番通りに，『ひとりじゃないさ』では私と一緒にピアノを弾く，それが終わったらみんながいる舞台に戻り，楽器を鳴らし，ダンスをする．その後，合奏『アメリカン・パトロール』では再びピアノを弾き，最後の合唱ではみんなと一緒に取り組む．私自身は「うまくい

くかな？」と心配でたまらなかったが，B子さんにとっては自分のやりたいことができる，認めてもらえていると感じたのだろう．毎回楽しそうにピアノを弾き，またみんなと一緒に合奏したり，ダンスをしたりできたのだ．この間体調不良の時期もあったのだが，お母さんによると，「先生とピアノ練習するから，学校に行こうよ」と誘うと，すっと立ち上がって学校に行く準備ができたそうだ．少ししんどくても，ピアノを励みに学校に来ていたのだ．そして，いよいよ当日を迎えた．

6　涙なみだの演技発表

音楽発表会当日，ステージに上がる前に，前室で発声練習を兼ねて，意思統一を行った．「いつも通りに！」と伝えると，子どもたちは「エイ，エイ，オー！」と気合を入れた．そして，いざ舞台へ．

トップバッターで演技紹介の男の子が欠席となり，代わりの子が紹介をすることになった．その子は教員にはその緊張を隠そうとはしていたが，相当緊張していた様子．それでも，上手に言い切って，みんなが待つ舞台へと戻っていった．そして，はじまりの挨拶がスタート．

私はピアノの位置につき，その後すぐにB子さんが担任の教員とピアノにやってきた．伴奏を始める前にB子さんに「いくで！」と言葉をかけてから伴奏を始めた．舞台では全員が大きな声で，歌うのが難しい子は曲に合わせて体を揺らしたりしていた（**写真1**）．B子さんはピアノを鳴らし続けた．1曲目が終わって，私が「じゃあ，おしまい」とピアノのふたを閉めて，言葉をかけると，すっと舞台に戻っていった．

2曲目は，途中テープと子どもたちの声がずれるというアクシデントもあったが，なんとか乗り切った．3曲目のダンスでは，子どもたちみんなスカーフを全力で振って，EXILEの曲に合わせてノリノリだった．そのノリノリっぷりを見て，私もとても楽しい気持ちになった．

4曲目のはじめはドラムソロ．緊張感が伝わる演奏がスタートした．B子さんもピアノを鳴らして演奏できた．みんな，緊張しながらもちょっと難し

写真1

い合奏を演奏し終えると，ホッとした感じだ．

　最後の合唱．歌うのが好きな28人，歌える子は大きな声で，それもただ大きな声ではなくて，卒業に向けて思いをはせながら歌っている．歌うのが難しい子は一本のスカーフをみんなで持って揺らした．スカーフを揺らしている様子に，指揮する私も思わず涙が出そうになった．B子さんは突然一番好きな友だちのところに向かっていき，演技の最後に「キャー（歓喜）」と声を上げた．その声は「わたし，やったで！」というように聞こえた（**写真2**）．

　28人の子どもたち，そして教員もみな満足し，思い出深い発表会となった．保護者からもたくさん感想をいただいた．B子さんのお母さんからは，「演技中『私，みんなとやってるでしょう！』というB子の気持ちが伝わってきた発表会で本当によかった」と寄せられた．

　これがきっかけなり，B子さんは，卒業式の歌を教員と一緒に再び伴奏することになった．卒業式当日は，「伴奏，B子さん」と司会の教頭先生から名前も呼んでもらえた．B子さんのがんばり，楽しいことがみんなに伝わったことが，私にはとても感慨深い．

おわりに

　本稿に私は「みんなでつくりあげる音楽発表会」とタイトルを掲げた．

写真2

「みんな」とは，子どもたちだけではなく，教員たちだけでもなく，子どもたちへ願いをもち続ける保護者も含めた「みんな」だと思う．その中で一番大切にしないといけないのは，子どもを中心に置くということ．子どもの願いを汲み取り，大人の願いも加味しながら，教員集団で実践をつくりあげていくことこそが大切なのではないかと思う．今振り返って，授業で自分の大切にしたいことや仲間の教員に求めたいことを伝えていったことは，本当に良かったと思う．この取り組みでは，はじめ，私は子どもたちは音楽発表会で「楽しい音楽に取り組みたい！　カッコよくやりたい！　ええとこ（大阪弁）みせたい！」と願っていると考えた．教員たちの最初の思いは，「（子どもたちに）ちゃんとさせたい！　やってほしい！」だったように思う．それが取り組みの中で徐々に変わってきて，やっぱり最後は，「音楽を仲間と一緒に楽しんでほしい！」に変わっていったと思う．

　子どもたちが緊張の中で，また感情が揺れ動く中で，自分自身や仲間の力を信じて，音楽に楽しく取り組む姿に，私を含めた教員自身も心揺さぶられる体験をこの実践を通してできたと思う．

　子どもの願いを大切にした実践をこれからも取り組んでいきたい，そう感じることのできた教育実践だった．

誰もが楽しくなければ「音楽」ではない

木 全 和 巳

　松本さんの実践報告は，「みんなで 21 世紀の未来をひらく教育のつどい 教育研究全国集会 2016」の障害児教育Ｄ小分科会「思春期の教育」で報告 されたレポートがもとになっている．私は，共同研究者として，松本実践を 学びあい，深めあった．この時には，発表会での子どもたちの音楽活動，特 に，ピアノを弾くＢ子さんの映像を観ることができた．いまこの実践報告を 読みながら，あの時の映像を思い出している．以下，分科会の討論で学びあ い，確認しあったことを中心に，松本実践とこの実践記録の優れた特徴につ いて，コメントをしてみたい．

◆教員集団で授業を創造すること

　松本実践の第一の特徴は，「教員みんなで授業をつくる」という目標と， そのための工夫である．実践者は，「どうかかわってもらうか」を「一つの 勝負どころ」と表現している．

　松本さんは，何よりも「子どもたちのこと，しっかり見てね！」という言 葉に象徴される，「演技中にどんな様子を見せるのか，今使っている支援の 道具は適切なのか，自分の支援が子どもにとってわかりやすいものなのかを 振り返る機会をもってほし」いというねがいのもと，表2のような具体的な 指導内容を学年会議で提案している．

　何よりも，子ども自身の自主性を大切にしつつ，個々の教師の主体的な取

り組みを保障しつつ促している提案である。この提案には，何かと多忙でゆとりがなく，中間年齢層が少なく若手が多い「いびつな年齢構成」の中で，教員たちを「巻き込み」ながら，みんなで授業をつくるさりげない工夫が随所に見られる。

「集団で授業をすること」により，子ども集団を育むことができる。子どもたちだけではなく，教職員集団を組織していくという「組織者」としての教師の仕事の大切さが改めて確認できる。

◆一人ひとりの子どもたちのねがいを大切にすること

B子さんは，ピアノが大好き。「大好きすぎて，音楽の時間中でも，教員が弾いているとピアノに向かって走ってくるのだ。伴奏者の妨げになるからと止められると，『ギャー！（悲劇）』と泣き叫んで授業は一時中断ということもあった」というエピソードの持ち主。当初，教員たちは，発表会でピアノは使いたいが，B子さんがピアノに向かってきて，舞台が台なしになったらどうしようと，課題になっていた。

当時の学年主任が，「B子さん，ピアノ弾きたいんと違うんかな？」と言う。B子さんの"ねがい"を端的に表現した言葉だ。

「それを聞いた瞬間，『そうだ！　それだ！』と私はガツンとやられた気がした。そして，それに気づけなかった自分を悔いた」。この松本さんの子どもを活動と学びに主人公に位置づけることへの「気づき」が素晴らしい。

発表会当日。「B子さんは突然一番好きな友だちのところに向かっていき，演技の最後に，「キャー（歓喜）」と声を上げた」という。そして，「これがきっかけなり，B子さんは，卒業式の歌を教員と一緒に再び伴奏することになった」。

B子さんという一人の子どものねがいを教師集団が受けとめ，実現の手だてを一つひとつ具体化していき，取り組んでいく実践の価値がここに確認できる。

◆思春期の特徴をうまく活かす

　思春期は，子どもから大人になっていく時に，からだとこころが大きな変化をとげていく時期である．からだの変化と同時にこころも揺れ動く．自分くずしと自分つくりをしながら，自分とは何かを確かめていく．母親や父親との関係の組み替えを行おうとするとともに，社会的な役割をもつ人として，見ていく力がついていく．友だちのつくり方，選び方も変化していく．「親友」という関係，「恋愛」という特定の異性（同性もある）への性的な興味や関心も芽生える．子どもたちは，こうした対人関係の組み替えと並行して，これまで主に親たちから大切だと言われてきた価値を一度は壊しつつ，今度は自分で何が大切かをつかみ取っていくという内的な作業もしていく．知的や身体の機能障害があっても，ホルモンの作用により，こうしたからだとこころの変化は起こる．

　松本さんは，「ええとこみせたい！」「自由に楽しんで表現したい！」「仲間と一緒に音楽を楽しみたい！」という思春期特有の子どもたちの特徴を受けとめ，中学生向けの合唱曲，J-POP を使った身体表現（ダンス）という「教材」を選んでいく．そして，無理やりにでも「させる」傾向がある中で，「教員には，子どもたちの本来の姿をきちんと見つめてほしい」，「せめて私が行う授業では無理やりさせる指導は行ってほしくな」い，「子どもたちに音楽の授業を楽しんでほしい」と，思春期の子どもたちの内面を受けとめ，こうしたメッセージを教員たちにも伝えている．

◆音楽という活動の特徴を最大限に活かす

　山田陽一は，「あらゆる音楽の源泉は，人間の身体にある．人が歌い，楽器を奏でる．そうやって生み出された音楽を聴き，それとともに踊る．それらすべてのプロセスが，人の身体において，そして人びとの身体と身体のあいだで繰りひろげられる．音楽はその時，人びとの身体のなかに深く浸透しながら，人びとを揺さぶり，突き動かす．それが，音楽のもつ侵入力であり，喚起力であり，快楽の力であり，身体は，そうした力に抗うことなく翻弄され，快感に身をまかせ，やがて沈静化する」と書く（山田（2017）響き

合う身体．春秋社，p.6）．また，私の好きなピアニスト，ウラディーミル・アシュケナージには，「音楽の本質は共有である．音楽をするということは，たとえ個人的なことから始まっても，気もちを分かち合うということである」という言葉がある．松本さんは，身体文化としての音楽の特徴を教育の中に最大限に活かす実践を創ろうとした．

◆実践記録を綴ることの価値と意味

「私はピアノの位置につき，その後すぐにB子さんが担任の教員とピアノにやってきた．伴奏を始める前にB子さんに『いくで！』と言葉をかけてから伴奏を始めた．（中略）．B子さんはピアノを鳴らし続けた．1曲目が終わって，私が『じゃあおしまい』とピアノのふたを閉めて，言葉をかけると，すっと舞台に戻っていった」．その光景が手に取るようにわかり，見える．「その声は『わたし，やったで！』というように聞こえた」．B子さんの心の声が聞こえる．

音楽活動には，音とリズム，からだの動きや表情など，文章だけで表現することはむずかしい要素がたくさん詰まっている．映像は，こうした言語だけでは表現しきれない音楽活動の様子をリアルに再現できる．こうした映像の特性は，観る側の視点の多様性を保障しているということでもある．一方，言葉で綴られた実践記録には，音もリズムもない．こうした限界がありつつも，活き活きと実践を描写している．こうした表現力も，実践記録には欠かせない．

どんなに優れた教育実践も，実践記録としてこうして表現されないと，仲間たちには伝わらない．改めて，実践を記録すること，表現することの価値と意味を確認したい．

ぶちあわせ太鼓の中で育つ子どもたち

大　前　　学

「スットン，スットン，ドドーンドンドン」

「サントコ，ドッコイ，ドッコイ，ドッコイ」

　毎年，6月になると寄宿舎にはこのリズムが響きわたる.

　「ぶちあわせ太鼓」は，もともと三浦半島の先端にある海南神社の祭礼の時に叩かれている太鼓で，その昔漁師たちが村ごとに大漁を祈り，競いあって太鼓を叩きあったものである．勝った方にはその年の大漁が約束され，負けた側は太鼓の皮を破られ海に投げ入れられるという言い伝えもあるほど荒々しく，豊漁を願い，村中で心ひとつにして叩かれていた太鼓だ．ケンカ太鼓とも呼ばれるこの太鼓は，これまでおよそ30年間，与謝の海支援学校寄宿舎の夏まつりを発表の舞台として，叩き続けられている.

1　与謝の海の寄宿舎の太鼓実践のあゆみ

　本校は1970年，京都府立与謝の海養護学校として開校した．寄宿舎での太鼓の取り組みは，共同（交流）教育（現，交流及び共同学習）として「夏まつり」で地域の伝統文化にふれる取り組みの一つとして，地域に伝わる「浮太鼓（宮津太鼓）」を舎生が叩いたのが始まりである．1980年，地域で太鼓を叩いていたバス介助職員が舎生の指導にあたり，寄宿舎の指導者も一緒に練習したもので，その後も引き継がれていった.

90年代から舎生の障害実態や人数の変化から，また，それまでの太鼓実践の積み上げをもとに，本格的に和太鼓を指導しようと教材にあがったのが，今，夏まつりで叩いている「ぶちあわせ太鼓」である．

　現在，与謝の海の寄宿舎夏まつりでは2つの太鼓の演目を子どもたちに指導している．オープニングに「宮津太鼓」，フィナーレに「ぶちあわせ太鼓」という形が定着してきた．ぶちあわせ太鼓は，1台の太鼓を3人で叩く．一番手のリズムを二番手が引き継ぎ，二番手のリズムを三番手が引き継ぎ，段々とリズムが早くなっていく．みんながそこを意識できないと，締まらない演技になってしまう．一人だけ上手に叩けても十分ではない．あくまでも，「みんなで一緒に」，一つのリズムとなるように練習をしていく．求められる技術はより高くなる．

　2005年には，京都府亀岡市で行われた日本太鼓全国障害者大会に出場し，その後も石川，大阪など近県で開催された全国大会に出場している．

　夏まつりは，長年，地域の子ども会と合同実行委員会形式で主催している．その中で，子どもたちの交流を目標に「宮津太鼓」を一緒に叩いていたが，地域の子どもたちから「あっちの太鼓（ぶちあわせ太鼓）の方が格好いいから，あれが叩きたい」と声が上がり，ここ数年，叩きたい子どもを募り，舎生と地域の子どもたちが一緒に演技するようになった．近年では与謝の海支援学校寄宿舎のぶちあわせ太鼓は地域でも評価され，学校近隣のいろいろなイベントに出演している．

　地域の春祭りで太鼓を叩くようになったのは，10年ほど前である．地域の神輿が数年ぶりに新調され，そのお披露目として，神輿が神社から降りてくる時の賑やかしに太鼓を叩いてほしいと声がかかった．1回限りかとも思われたが，以来，十数年間続いている．開校当時は地域に障害への理解もなく，学校の子どもたちが近隣の家に上がり込んでお供えを食べていたことや赤痢の流行などを「養護学校公害」と言われたこともあったと先輩の教職員らから聞いたことがある．そう考えると，地域の祭礼行事に特別支援学校の取り組みが織り込まれていることは，地域の文化として学校が浸透したことを示しているのではないか．全教職員が脈々と紡いできた教育実践の積み重

ねの成果である.

2　ぶちあわせ太鼓の実践

　与謝の海の寄宿舎には，通年入舎，緊急入舎（進路課題による）合わせ，小学部から高等部まで男女 20 名前後の子どもが，3 つの基礎集団に分かれて生活している．指導者は，舎監を入れて 23 名．3 グループが交替で泊り勤務をしている．その中で太鼓指導には 9 名があたっている．

　下校後の日課は，大まかには，下校→おやつ→入浴→夕飯→自由時間→就寝である．太鼓は，基本的にはおやつから夕食の間の 40 分間ほどに，その日の勤務者から 2 ～ 3 名が部活やサークルのような形で指導している．活動に参加したい子は指導者が用意したボードに名前を書き入れる形でメンバーを募り，その年のメンバーを決定する．

　年間の太鼓の出番としては，地域の春祭り，寄宿舎夏まつり，全国太鼓大会，卒業生の要望があれば寄宿舎お別れ会．他にもオファーがあれば参加してきた．夏まつりは 1 学期の中心になる行事として 6 月から練習を開始し，年間で一番長い取り組みで 10 日間ほどの合同練習日を設けている．子どもたちは「今年はぶちあわせ太鼓を叩きたい」「今年は，打ち上げ（演技のクライマックスに太鼓を叩き上げる演技）を担いたい」と，意気込みや憧れをもって臨む．練習中にできたマメを誇らしげに見せてくれる子ども，がんばっている姿を見てほしくて，「夏まつり絶対に見に来てな」と誘う子どもなど，それぞれに高い熱量が感じられる．2017 年度の場合は，中学部から高等部まで 11 名がぶちあわせ太鼓を叩いた．入舎生の多くが遠隔地入舎で入れ替わりもないため，ほとんどの子どもが前年度から引き続き参加している．

　ねらいは，①仲間とともに太鼓を打つ喜びや楽しさを感じ，表現する力を育て感受性を養う，②太鼓の取り組みを通して協調性や規律を学び，集団意識を高める，③一人ひとりの持てる力を十分に発揮し，みんなで力を合わせてステージをつくり上げる，の 3 点である．

　指導者たち自身も地域のまつりなどで太鼓を叩いていることもあり，太鼓

の演技としてこだわりたい部分を各々がもっており，それに基づいて，指導を展開している．どんな思いで子どもにかかわっているのかを聞かせてもらった．

　　指導者A「出来栄えは気にせずに取り組む過程を大切に考えている．社会
　　　　参加や発表の機会，卒業後の地域とのつながりになれば」

　　指導者B「集団で演技する中で，集団のルールを学んでほしい．体育会系
　　　　の厳しさみたいな感じかな」

　　指導者C「自分自身も太鼓を叩いていて感じているような達成感やチーム
　　　　ワークに繋がるように．最初に楽しいから入れるように」

　　練習の節目には，思いを摺り合わせながら，指導を展開している．

　　私自身は，ねらいにある規律や協調性，感受性などの言葉は意識しながらも，主眼は，子どもたちの中に引き継がれている太鼓への憧れや，また集団の中での育ちあいを大切にしている．

　　太鼓には，他の楽器のような楽譜はなく，口伝でリズムを覚えていく．単に太鼓の技術を指導するだけでなく，指導者も自分たちが先輩指導者や講習会で教わってきたように，太鼓を打つ時の気構えや，細かい所作なども伝えていく．

　　その日の昼間の練習で上手くいかなかったところを，夜，寄宿舎の生活部屋で子どもが自分で時間をつくり，指導者を呼んで自身が納得いくまで個人練習することや，時には子どもたち同士で練習をすることもある．

　　口伝で所作や気構えを伝える過程，そして，子どもたちが練習に励む様子は，家庭生活の中で，親が子どもに生活の所作を伝えていく過程と似ていて，じつに生活的なゆったりとした流れの中で，ゆっくりと自身の葛藤に向かっていこうとする姿でもあり，太鼓を通して大切にしたい部分である．

　　以下，ぶちあわせ太鼓の実践を通して見えた3人の子どものエピソードを紹介したい．

◆Aくん　心の叫び〜自己の表現

　　Aくんは小学部5年生から入舎．知的障害はあるものの基本的な生活習慣

は概ねできており，健康に影響するような偏食もない．ADHDで睡眠障害と言われていたが睡眠のリズムは一定ついている．しかし，自分の思いや話したいことが優先して，決められた時間に遅れることが多々ある．何時には食堂に移動しようという約束を部屋のみんなでするが，1〜2週間ほどは覚えていても，ずっと意識することは難しい．

人とのかかわりでは，自分の思いを一方的に話す．感覚過敏があり，被害者意識が強く，相手にそのつもりはなくても，「○○くんが肩に当たってきた」と指導者に報告をしたりする．指導者がいない時には手が出ることもある．他児の常同行動が気になり，それを止めようと必死になり，結局，二人とも譲れずに手を出すこともあった．褒められた時，うれしい気持ちをどう表現したらよいのかわからずに，連絡帳で額をバシバシ叩いたり，「わ〜！」と叫びながら，その場を離れたりする．また，仲間とのかかわりを求める気持ちからなのだが，抱きついたりヘッドロックしたりしてしまう．褒めればテンションを上げて騒がしく，叱ったり注意の言葉かけをすると耳ふさぎで固まるというように，かかわり方が難しい．小さなトラブルは毎日のようにあった．年下の子どものこだわりが許せずに，大きな声で威嚇して，逆に上級生から叱られるような様子も頻繁にあった．

そんなAくんが小学部6年生の時，「宮津太鼓」に初めて挑戦した．みんなで呼吸を合わせて叩く「ぶちあわせ太鼓」よりも，一人で叩く「宮津太鼓」は難易度としては低いので，初めて太鼓に触れる子どもは「宮津太鼓」から叩くことになっている．

本番当日，Aくんはオープニングからみんなの輪には間に合わず，クロックス（靴）の飾りがないと大騒ぎした．「あれがないと叩けない！」と言い，出番直前に集合場所から逃げだす．指導者もせっかくの練習の成果を形にして積み上げさせようと，手を替え品を替えかかわるが，結局叩けずに終わった．しかし，次の年の夏まつりでは，何事もなく叩けた姿を見ると，見通しのなさや緊張感からだったのかと感じた．

中学部2年生からは，ぶちあわせ太鼓を叩くことになった．Aくんは中学部2年生になってもまだまだ人とのかかわりの弱さがあり，集団生活の中で

自分のしたいことがどうしても優先し，みんなで決めたルールが守れない，自分勝手なＡくんというイメージが，子どもたちの中でついていた．彼自身は，一緒に遊びたい気持ちはあるが，ついついやりすぎ，仲間は恐くて逃げてしまい遊びが長続きしない．そういった繰り返しの中で，結局，一人で過ごすことが増えている状況があった．太鼓を一緒に打つことで，仲間との共通の接点ができれば，また彼自身の打ち込めるものができればと思い，Ａくんに太鼓を勧めたのだった．

　練習に参加している様子を「引き継ぎノート」の記述から書き出してみる．

　「今までに見たことのない真剣な表情で叩いていました」

　「根気強く練習に取り組んでいました」

　「多少，時間に遅れて指導することはありましたが，練習に入ると上手に真剣に叩いていました」

　「下校が遅くて，太鼓の時間に間に合わず，そのことをみんなに指摘され，へんげて（すねて）座り込み耳ふさぎをしましたが，気持ちを切り替えて参加しました．練習中も意識が高く集中していました」．

　毎回，同じことで叱られ，指導がなかなか積み上がらないように見えるＡくんに対して，いつの間にか指導者もトラブルメーカーというとらえ方をしていたのだろう．それが，太鼓の練習に真っ直ぐに向きあっている姿は，新鮮に映った．失敗しても，耳ふさぎをしてリズムを止めることもなく，ほんとうに一生懸命という様子で叩いていた．練習の時間に間に合わない時には，自分から指導者や仲間に謝ろうとする姿さえも見られた．

　高等部１年になって，寄宿舎で私は彼の担当になった．そして，全国太鼓大会デビュー．大人でも緊張するような大舞台で，会場の大阪に着くまでの車の中ではひと言も話さなかった．みんなが会場に入るのにＡくんは着替えがなかなかできず，バスから出られない．はじめての大きな会場から感じるピリピリした雰囲気に，結局，リハーサルには間に合わず．本番までの４時間の待ち時間は女性指導者の腕にしがみついて震えていた．何度もトイレに行き，私が近づこうものなら，「あっちへ行け‼」と怒鳴る．本番では，舞

写真1　Aくん「打ち上げ」の演技

台そでまで，指導者に付き添ってもらいながら移動．

ところが，本番の演技はそれまでが嘘のように上手に叩いた．

ステージが終わった後，応援に来ていた先生から，「よかったよ」と声をかけられても，緊張と恥ずかしさのあまり，「うるさい」と吐き捨てて，トイレに駆け込んでいった．

その日，彼の支えになれるようにとなるべく彼と接していた私に，日中はまったく自分から話しかけなかったのに，2時間余りの帰り道，バスの中で，マシンガンのように自分の好きなアニメの話をしていたかと思うと，すぐに眠ってしまった．その様子を見て，どれくらいの緊張と向きあって太鼓を叩き切ったのだろうと考えた．

この全国大会を境に，彼はますます太鼓に魅かれていったように感じた．それとともに，彼の意欲は膨らんでいった．京都府丹後地域高等学校の文化の集いで演技前の挨拶を任されることになったが，上述したような本番前の葛藤があったので，この挨拶をAくんに任せてよいものか，指導者の論議を重ねた．しかし，これまでのAくんの太鼓への熱い思いにほだされ，挨拶を任せた．

太鼓の練習に加え挨拶の練習もする．いつもなら，Aくんは自分の好きな写真の切り抜きなどに寝るまでの時間を費やすが，その時間を割いて練習していた．そして本番でAくんは，原稿を持たずに壇上に立ち，ぶちあわせ太鼓の歴史を織り交ぜた挨拶をスラスラと述べた．内容の正確さは脇に置いても，その堂々とした挨拶ぶりに，居あわせた指導者たちも驚かされた．壇上のAくんの顔はほんとうに誇らしげだった．

学部との懇談で，彼が自分の心の内を話してくれたエピソードを聞かせて

もらったことがある．

　小学部の先生たちから聞いた話は，普段のエネルギーいっぱいのＡくんからは想像もつかないほど切ないものだった．小学部時代に担任の先生に「ぼくはこれまで200回も300回も教室から出されたんや！」と語ったという．

　また，中学部時代，連絡ノートに彼は自らの内面を次のように記していた．

> 「みんなのことがすきです．もっと一緒にトークや遊んだり，PC したり，べんきょうやスポーツをしたり，体育をしたり，たのしいことやいろんなことしようね」，「ぼくはみんなと一緒に遊んだり，もっとトークしたりしたいです」．

　今までの寄宿舎生活の中で，細かいことが気になりどうしても譲れずトラブルになったり，また授業に集中できず，騒がしくして何度も授業から出されたり…本心は仲良くしたいのになかなか素直に自分の思いが出せず，友だちとの距離感もわからずに，何度も友だちからつまはじきにされたり…そんな経験をしてきた彼は，どんな気持ちで太鼓を叩ききった後の拍手を聞いていたのだろうか．

　高等部３年生のある日の練習から，Ａくんは太鼓の演技で「打ち上げ」と呼ばれる締めくくりに，両手を広げて「うぉ～」と雄叫びをあげるようになった（**写真１**）．心の底からこみ上げてくる感情を太鼓にぶつけているように感じた．まさに「我」の表現．全身を大の字に広げての力強い雄叫びは，自分を表現でき，それを認めてもらえることへの強い喜びを全身で表現しているように見えた．指導者もともに演奏しながら，彼の表情を間近で見て全身が粟立つのを何度も感じた．

　Ａくんとは太鼓の練習や寄宿舎生活の普段のかかわりの中で，彼の好きなゲームやTV の話などを通して関係性をつくってきたが，全国大会での濃密な時間を共有したことと相まって，より深い関係ができたように感じる．

　高３の，夏まつりを控えたある日，練習前におやつを食べていると，神妙に話しかけてきたことがあった．「先生，今年，ぼくは太鼓，最後やなあ．来年，人がおらんかったら，バスで叩きに来たげてもいいで！」と．また，

卒業が迫ったある日の夜，しみじみと「先生…卒業したら，もう学校に戻ってこれんのやな…」．なかなか，自分の思いや感情を素直に表すことのできないAくんから，卒業していく寂しさと充足感のような二つの感情がきちんと伝わってきた．

　きっと，彼のこの育ちは太鼓だけを通してつくられたものではない．小学部の時に彼が打ち明けた内面を，中学部時代に書き綴った思いを，寄宿舎，高等部とその時々の担任がていねいに引き継いできた．私自身，彼の内面を知ってから，彼と仲間との緩衝剤になりたいと思い，彼とかかわってきた．そういったたくさんの支えを土台にして，ぶちあわせ太鼓を通して，自身の中に確固たる存在意義を形づくっていったのではないかと感じる．寄宿舎を含め，学校は彼にとって戻ってきたいホームのような場所になりえたのだなぁと思った．

◆Aくんの背中を追うBくん

　BくんはAくんより1つ年下で，中学部時代から同じグループや教室で過ごしてきた．Aくんの強烈な動きの蔭で，優しくて，物知りで知的な印象のBくんは，王子さまみたいと子どもたちの中で評価されていた．しかし，発達とは不釣りあいな幼さが残る．入舎当初は，好きな先生の目が自分から離れると，わざと仲間とトラブルを起こしたり，机を蹴ったりして自己アピールするという様子だった．指摘や注意をされると，「ぼく，まだ子どもだもん」というのを言い訳にしていた．「子どもだもん」という風よけの中で，自分の手の届く範囲を見極めながら，自分を守っているBくん．少しハードルが高いと感じると，「逃～げよっ」と授業に入れないこともある．

　基本的な生活習慣や生活技術は獲得している．寄宿舎の中では自治的集団の核を担ってもらった一人である．自治会の活動でも理解力があり，好きな仕事（書き仕事）は自分なりに工夫して進めることができる．ただ，時間に遅れてしまった時には，なかなかみんなに思いを伝えることができない．指導者の見ていないところで，好きな子の連絡帳を隠したりする．そんな姿があった．

Ｂくんは，Ａくんと同じように中学部２年からぶちあわせ太鼓を叩くことになった．認識も高いので，すぐにリズムを覚え，演技もすぐに習得した．生活年齢が上がるにつれて，早いリズムで叩く難しいポジションを任されるようになった．最後の「打ち上げ」と呼ばれるポジションで，Ａくん同様にとても上手に早く叩くことができるＢくん．そんなＢくんは打ち上げの際には，必ずＡくんの方を真剣に見つめて叩いていた．

　私は，その視線はＡくんへの憧れからだと思った．少しでもＡくんへの憧れる気持ちを見ることができれば，レポートのネタになると，若干いやらしい思いもあり，ある日の入浴後，洗濯をしていたＢくんに思いを聞いてみた．

　──太鼓は楽しい？

　「太鼓は楽しい．苦手ではなくなったよ」．

　──Ｂくんは太鼓を叩く時どんなことを思って叩いてる？

　「格好よくなりたい気持ちは恥ずかしくてまだないけど，今よりも格好よく叩きたい」．

　──誰みたいに太鼓を叩きたい？

　「Ａくんの叩き方は格好いいけど，子どもじゃないけど，Ｃ先生みたいになりたい」．

　──先生からみたら，失敗もなくなって，上手に叩けるようになったけど，Ｂくんは，どんなふうに感じてる？

　「失敗しなかったのは中学部の時．遅れないように必死でついていっている」．

　わかったのは，大人が見ても上手に叩けているＢくんの意外な自己評価の低さだった．Ａくんに憧れているまなざしだと思っていた目つきは，Ａくんに遅れないように必死でついていく焦りの顔だった．そう言われれば，常に汗だくで，手に汗握って叩いていたなあと思い返した．Ａくんに遅れないよう必死に太鼓を叩いていた高等部２年のＢくんは，実際，打ち上げのリズムが速すぎて手の振りが間に合わないこともあった．そんな時には，部屋で職員の椅子を布団でくるんだ太鼓を作ってもらい，敢えて重いバチを使って

個人練習を重ねていった.

　Aくんが卒業して3年生になると，経験も豊富なBくんは，常に打ち上げで，その中でも，みんなを引っ張っていく立場になった．練習を重ねるうちに，少しずつ自信がついていったのだろう．3月のお別れ会でも，素晴らしい演技を見せてくれた．Aくんを見つめて太鼓を叩いていたのと同じように，今度は仲間を真剣に見つめながら意識して太鼓を叩いているように見えたが，叩いている時の顔つきや演技を見ていると，明らかに，自分よりも，スピードの遅い仲間に合わせて叩いて

写真2　Bくん

いた（写真2）.

　少しずつ自信がもてるようになってきたBくんは，高等部3年生の最後の誕生日．決意表明の場で，「卒業したら，地域の太鼓をがんばりたい」と，とても苦手なはずの，「みんなの前で堂々と発表」ができた.

◆生活の音として身についたDくん

　Dくんは，小学2年生から入舎．現在，高等部2年生．主な障害は自閉スペクトラム症．緘黙ではないが，人と話す時，積極的に声を出して話すことはなく，ささやくように単語で自分の思いを話す．そんなDくんは，小学部時代の宮津太鼓の演技では，叩く力も弱く，太鼓への意欲も乏しく感じた．騒がしいのはあまり好きではなく，仲間とのかかわりよりも指導者と一対一でいることや一人でいることが好きなので，「ぶちあわせ太鼓」は難しいのではないか，と指導者の中では話していた．しかし，中学部2年生になり，本人に尋ねると「叩く」と言っていたので，どこまで叩くことができるのか，ぶちあわせ太鼓の練習に参加してみた．すると，一度も練習したことも

ないにもかかわらず，それとなく初めのリズムを叩くことができた．驚きな
がら，口伝を続けるとその通り叩くことができた．

　通年入舎の多い与謝の海の寄宿舎では，小学部低学年から，ずっと入舎す
る子どももいる．そんな中で数年にひとり，このように練習しなくてもぶち
あわせ太鼓が叩ける子どもがいる．障害特性がどうとか，発達的に難しそう
という大人の思いを越えて，彼のように叩いてしまう．

　6月になると太鼓の音が響きわたる寄宿舎で，小学2年生から生活をして
いたDくん．意識して聴いていたわけではないと思うが，彼にとっては，ぶ
ちあわせ太鼓のリズムは生活の音として身体に染み込んでいたのだ．こうい
った，大人の意図を越えて，繰り返しの生活の中で，子ども自身が自然と生
活を取り込んでいく．そんな育ちも生活教育のあり方の一つだと考える．

3　生活自体を教材として

　私自身の太鼓体験から言うと，まずはリズムを覚えるのに必死に練習す
る．そこから自分が納得いく叩き方になるように，ああでもないこうでもな
いと試行錯誤する．一定の形を習得した先は，無心に太鼓を叩きこむ中で，
そのリズムが体に浸透していき，無駄な動きが削がれていく．演技中には，
「あれ？　こんなはずじゃなかった」とか「この調子で！」など，何度も自
分と向きあって調整していく．

　きっと，子どもたちも演技中は，同じであろう．自問自答する中でたくさ
ん葛藤し，それを憧れや集団の力にひきつけられて乗り越えていく．そうし
た時間を重ねて，少しずつなりたかった自分に近づいていく．寄宿舎生活自
体のもつ特性も，その育ちを支えていると感じる．今日，失敗しても明日が
ある．明日がダメでもまた次があるといった繰り返し，ゆったりとした生活
の流れの中で，時間をかけて自分と向きあっていけること．そこに生活を共
にする仲間がいること．そういった生活の深い懐の中で，指導者の意図を越
えて子どもたちは育っていく．これからも集団や生活のもつ指導性の中で子
どもたちの育ちを支えていきたい．

寄宿舎の日常に根づく和太鼓と子どもたちの育ちあい

山 﨑 由可里

◆仲間と時間・空間をともにする寄宿舎

　大前学さんの実践の舞台は，与謝の海支援学校の寄宿舎である．寄宿舎は，学校教育法第78条において特別支援学校に設置義務が明記されている一方で，「ただし，特別の事情のある時は，これを設けないことができる」と規定されている．そしてその設置状況は自治体によって異なり，実際には「設けないことができる」方を選択する自治体が多数派で，寄宿舎を設置している特別支援学校は全体3割ほどである．そのため，たとえ特別支援学校の教職員であっても，寄宿舎が果たしている役割や寄宿舎という生活の場での教育について具体的に理解している人は多くはないかもしれない．

　寄宿舎は，①生活の場であると同時に，学校教育の一翼を担う教育の場でもある．しかしながら，寄宿舎での教育は，ある程度固定化された日課や年間行事等があるとはいえ，教育内容を学習段階に応じて系統的に示す教育課程をもつ学部での教育とは相対的に異なる．また，②家庭と同様に生活の場ではあるけれども，家庭と違って日々ともに生活するメンバーは固定化されていない（通年利用，ニーズに応じて数ヵ月，あるいは週のうち何日かの利用など．指導に当たる職員も交代勤務）．そういう意味で，寄宿舎は家庭とは相対的に異なる生活の場でもある．そして，③特別支援学校に設置されている教育の場であるという意味で，児童福祉法で定められた障害児の入所施設とも異なるものである．

子どもたちにとって寄宿舎は，昼間の学部での学習を終えて帰り，夕方から翌朝まで，夕食や入浴のほか，ホッと一息ついて仲間や指導員の先生方とほっこりくつろぎ，昼間の疲れを癒やして明日への活力を蓄える「居場所」である．寄宿舎は，仲間と時間・空間をともにするという，「三つの間」によって成り立ち，大前実践で語られた子どもたちのように，「三つの間」の中で時間をかけて育ちあうところである．

◆指導者の意図が込められた太鼓の実践

　大前さんの職名は寄宿舎指導員（以下，寄宿舎の先生）．それはかつて男性であっても「寮母」と呼称された職種であり，学校教育法ではその職務は「日常生活上の世話及び生活指導に従事する」とされている．この「日常生活上の世話及び生活指導」をどう理解すべきであろうか．単に食事や入浴の介助，歯磨き指導などを指すのであろうか．そうではない．寄宿舎の先生の役割は，寄宿舎を子どもたちが生活をともにする場ととらえ，その寄宿舎生活自体がもつ教育的価値を目的意識的に追求することである．

　与謝の海支援学校の寄宿舎では，春祭り，夏まつり，全国大会，お別れ会と，年間を通して太鼓を披露する機会があり，子どもたちは希望制で太鼓の活動に参加している．そして，寄宿舎での太鼓の取り組みには大前さんが紹介しているような歴史があり，舎生と地域社会との交流や地域の文化を継承するという意味をもっている．

　それではここで，寄宿舎の先生たちが太鼓の実践でねらいとしたことは何か．

　大前さんは，①太鼓を打つ喜びや楽しさを感じて表現する力を育て感受性を養う，②協調性を学び集団意識を高める，③みんなで力を合わせて舞台をつくりあげる，等をあげている．そして，大前さん自身は，「子どもたちの中に引き継がれている太鼓への憧れ」や，「集団の中での育ちあいを大切にしている」という．

　つまり，太鼓の実践には，①自身の感情を全身で表現することを通して自己と向きあうこと，仲間と太鼓を打ちあう中で協調性や感受性などさまざま

な力を獲得すること，②太鼓を通して地域の文化活動に参画し，地域の人々と交流することを目的とすること，という2つの意味がある．

◆寄宿舎の日常に根づいた太鼓の魅力

　この太鼓の実践をより深く理解するには，寄宿舎の日常に根づいた太鼓の魅力と特質をふまえ，子どもたちの育ちを重ね合わせてとらえることが必要である．

　太鼓のもつ魅力として，①全身を使って思い切り和太鼓を打ち込むと，他の楽器に類がないような重低音が響き渡り，叩き手は，その響きを自己に宿る生命のエネルギーと重ね合わせることができること，②他者の存在を意識して交互に打ちあい，自分の打った音に相手が反応する手応えを肌で実感できること，③お互いの動作を見つめあい，動作模倣による技術の習得が可能であり，打数を数えるなど太鼓を叩きながら発せられるかけ声があることによって，かけ声に支えられながら安心して叩くことができること，などがあげられるだろう．

　「ぶちあわせ太鼓」では，1台の太鼓を3人で叩き，一番手のリズムを二番手，三番手と引き継いでいく．Aくんは，感情のコントロールが難しく，小学部では「200回も300回も教室から出された」というつらい思いをし，仲間と仲良くなりたい心と裏腹に友だち関係がうまく築けない．そんなAくんは，和太鼓を叩くことによって心身ともに解き放たれ，自分の奏でるリズムが仲間に引き継がれ，仲間のリズムを自分が引き継ぐという手応えを実感したに違いない．また，極度の緊張感で迎えた全国大会での演奏や，京都府丹後地域高等学校の文化の集いでの挨拶をやり遂げ，これまでに経験したことのない達成感を味わったことだろう．これらのことが，Aくんのたしかな自信と仲間たちとの関係性を育んでいったといえよう．また，自己肯定感の低かったBくんも，Aくん卒業後，最上級生として，遅れがちな下級生に呼吸を合わせて叩き，リーダーシップを発揮していた．そして，小学部時代の宮津太鼓では叩く力も弱かった自閉スペクトラム症のDくんは，中学部2年生から「ぶちあわせ太鼓」に取り組み，指導員側の見通しを越えて初回の練

習で「ぶちあわせ太鼓」の初めのリズムを叩くことができたという．大前さんも指摘しているように，太鼓の音色とリズムは寄宿舎の子どもたちにとって日常的に慣れ親しんだものであり，Dくんにも自然と身についた（「身体化」された）ものと思われる．

　Dくんのように，太鼓の活動に参加していなくても太鼓の音色とリズムが自然と身についている子どもたちは少なくないと思われる．寄宿舎生活を想像すると，お風呂の中で「スットン，スットン」と太鼓のリズムを口ずさんだり，食事の時にはテーブルを太鼓に見立てて指で太鼓を叩くまねをしたり，部屋で枕を太鼓に見立てて叩いてみたり，そんな光景が目に浮かんでくる．もしかしたら，学部や家庭との「連絡ノート」にも，「休み時間，クラスメイトに太鼓の叩き方を教えていました」，「晩ご飯の時に『ぶちあわせ太鼓』が叩けるようになったと嬉しそうに話してくれました」というような記述があるのではないだろうか．

　入舎後，Aくんたちは長い時間をかけ，そして年間を通して太鼓に向きあい，自分に向きあい，そして仲間と向きあって，先生方の意図をこえて成長していった．彼らの成長は，寄宿舎がもつ「三つの間」によって成り立ち，時間をかけて育ちあった結果といえよう．そこにこの実践の意義があると確信するものである．

文　献

小西正枝・石井宗之・中澤政道・山本博男（2004）知的障害者における和太鼓の指導実践．日本体育学会大会号，（55），522．

細渕富夫（2007）重症児の発達と指導．全障研出版部．

第 3 章

仲間とともに学びあう子どもたち

激しい偏食をもつりんちゃんと
仲間たちとの3年間

小 島 貴 子

はじめに

「あんたはクビよ！」「あっちへ行け！」

　特別支援学級の担任12年目で，新しいクラスを立ち上げることになり意気揚々としていた私に，彼女はぴしゃりとそんな言葉を投げつけた．彼女の名前はりんちゃん（仮名，以下同じ）．

　広汎性発達障害と診断された4年生の女の子で，幼少期は市内の障害児通園施設で「超」がつくほど有名な多動児だったようだ．

　彼女と出会ったのは6年前．それから3年，私は彼女と3人の仲間たちから本当に多くのことを教えてもらうことになる．

　この記録は彼女と過ごした悪戦苦闘の3年間の日々の一端である．

1　おひさま学級誕生（1年目）

　新しい学校で立ち上げた支援学級は，2年ゆみちゃん（知的障害），2年まほちゃん（知的障害・広汎性発達障害），3年あっくん（発達障害（LD）），4年りんちゃん（知的障害・広汎性発達障害）の4名．たった4名だが，担任一人でかかわるには存在感いっぱいの子どもたちだった．

◆嵐の前の静けさ

　りんちゃんが前年度まで通っていた学校の支援学級の先生からは，「とにかくたいへん．気が向かないと何もしない」「支援学校でないと難しいのでは」という申し送りがあり，出会う前から手ごわい子だろうと覚悟をしていた．

　ところが，初日，りんちゃんは，始業式も入学式もほぼ問題なく参加できた．2年生のまほちゃんだけが，会場の不安感から大きな声をあげていたので，そっと外に連れ出したが，教室に戻ってきた時の4人の様子から楽しいことがたくさんできるぞ！という予感でいっぱいだった．まずは全員が安心して自分を出せるような居場所と信頼関係をつくることから始めようと「おひさま学級」と名づけた．

◆りんちゃんの給食

　けれど給食が始まった日．エプロンを着て踊るようなポーズをしてはトイレの前の鏡で自分の顔を見ていたりんちゃんが，なかなか教室に戻ってこない．何度誘いに行ってもダメ．しかしみんなが席について食べ始めたらやっと戻ってきた．「ものすごい偏食」とは聞いていたのでとりあえず様子を見ていると，まず牛乳を自分で持ってきたカップに空け（ストローから飲むのが嫌いな様子），じっと考え込むように固まった．するといきなりまほちゃんが，大声で「きのこきらーい！」「いやあー！」と泣きだした．それを見てりんちゃん，彼女に向かって「うるさい！」と一喝．そしてぱくっときのこを飲み込んで見せた．そのあとは目をつぶるようにして本当にいやいやだけど意を決して！という感じで，カップの牛乳も飲みほした．

　入学した時は，給食が一口も食べられなかったという彼女が，ここまでになるには当時の先生たちが信念をもって根気よくかかわったのだろう．まずは「りんちゃんすごい」と思いきり褒めた．

　それまで在籍していた学校の知的障害特別支援学級では，指示したことをやるまでは次のことをさせない，例外を認めず，どんなに時間がかかってもその子のやるべきことはやり通させる…そしてやり通せたことを褒めて伸ば

していく方針だったようだ.

だから給食も, もちろん一口でいいから食べないと次のことをさせない, 家にも帰れない, ということを貫いてここまでできたようだ（5時間目はほぼ嫌いな給食を食べる時間だったとのこと）. 強い信念と愛情をもって接していると周りの学校からも高く評価されていた.

それでこれだけできるようになったのなら, とりあえずはその方針を受け継いだほうがいいかしら…. でも給食に関して私は少々自信がなく, 自分の腹が決まらないまま次の日を迎えた.

すると3日目, 彼女の態度ががらりと変わった. 腹が決まらない感じの私の態度を, 彼女はどこかで見抜いたに違いない.

◆りんちゃん反乱開始

4時間目. みんなで席について課題をしている途中, 突然床にごろりと寝転び起きてこない. 少し様子を見ていたら, だっとトイレに入り, 閉じこもり, いくら声をかけても出てこない. 中からカギを閉めてしまっていた. でも中の様子が気になるので, 隣のトイレを伝って壁をよじ登り, 中に入ったとたん, 激しく蹴飛ばされた. そして私がひるんだすきに, まただっと全力で外に逃げていってしまった.

その日以来, 給食前になるとバトルが始まった. 給食の時間はもう席にも着かなくなった. 今度担当になった私が,「どんなやつか」を試しているのだろう. そこで, 最初は前年までの方針を受け継いでみることにした. 全メニューの一口分をお皿に残し,「これが食べられたらママちゃんとお家に帰ろうね」と, 優しい言葉できついことを強いたのだ. 最初こそ暴れていた彼女も, 私がひかないことがわかると, みんなが下校してほぼ1時間後「えいっ」と, 意を決してお皿を空にした. けれど, その間, 結局彼女は何もできなかった. 午前中は, みんなと一緒に活動し笑顔を見せるのに, 給食が近くなると閉じこもり, それ以後は毎日同じように活動を停止してしまう. それでも食べないと帰れないとわかると, 仕方なく苦手な牛乳を飲んで帰るのだが, これでは意味がないと思った.

そこで思いきって給食は後回しにすることに決めた．前の学校で積み上げたものが，ゼロになってしまうかもしれない．でもそれにこだわり，まだ関係すらできていない彼女と闘うことよりも，まず彼女と私の関係をつくりたいと考えたのだ．

◆給食，食べなくてもいいよ

次の日の給食の時間が始まる少し前に，「りんちゃん，もう今日から残るのはやめます．この時間に給食はおしまい．りんちゃんが食べない時は，夕ご飯までおやつはないけど，ごちそうさまにしよう」と話した．彼女は遠くを見ていたが，じっと私の言葉を聞いているようだった．

その日は，私の顔を何度か見て確認しながら牛乳を，それはうれしそうに全部食缶に空けた．そして「ごちそうさまでした．ああおいしかった」と言った．ごはんを少しとお肉をほんの一口食べただけだったが，「お昼休みどうぞ」と言ったとたん，目をキラキラ輝かせ「いってきます」とうれしそうに外に出ていった．今までの学校生活の中で「お昼休み」は一度もなかったのだろう．

でも，お昼休みのあと，何度呼んでも彼女は教室に入ってこなかった．

◆崩れ始める子どもたち

「給食食べなくていいよ」にしたとたん，りんちゃんは逆に，給食以外でも閉じこもることが増えた．ひっぱりだそうとすると「あっちへいけ！」とどなりちらす．私の決断は甘かったかと悩んだ．今考えれば，新しい環境に来て，まだまだ不安でいっぱいだったのだろう．それなのに，その気持ちに寄り添うこともできず，給食にこだわり，私は方向を見失っていた．いよいよ他の3人も巻き込まれて，教室は急速に落ちつかない場所になっていった．

◆運動会は嫌い？！

そんな中，5月の中旬から運動会の練習が始まった．運動会の練習が彼ら

にとって大変なことであることは十分わかっていたはずなのに，何の手立て
もつくれないままに本格的な練習になった5月の3週目，りんちゃんはいき
なり熱を出し，4週目からはもう見学にすら行こうとせず，教室に閉じこも
ってしまった．

　しかし運動会の朝．意外にもりんちゃんはすごくはりきって運動会に来
た．「先生！　はちまきやって！」なんて言うのでびっくり．やる気まんま
んで入場行進に参加．しかし開会式に参加したあと，突然座り込んで動かな
くなってしまった．できると思ったことができなかったのだ．ダンスでは普
段はつけない衣装まで身につけたが，踊ることはできなかった．練習を見学
すらしなかったのだから無理もない．でもこの時初めて「ああ，りんちゃん
運動会嫌いじゃなかったんだ」と気がついた．あとから，前の学校で3年目
には運動会のすべての種目に参加できたのだと聞き，「本当は出たかったの
だ」と思った．運動会のあと，教室に戻ってきたりんちゃんは，家に帰ろう
ともせず椅子や机を倒して大暴れをした．運動会に参加したかったのにでき
なかった怒りや悲しみを，りんちゃんはどうにかしたかったのだろう．私は
ただただ彼女の側でその思いを受けとめていた．

　彼女はしばらくして私の腕を噛んだ噛みあとをそっとなぜて，私の膝の上
で少し眠った．暴れ疲れて眠ってしまった彼女を見ながら，偏食の指導も，
生活の流れをつくることもまだ先のこと．まずはりんちゃんが何を願いどう
感じているのか，ていねいに聞き取り，環境が変わって不安になっているり
んちゃんが，心から安心できるような関係をつくろう，そして4人の仲間で
「楽しかった」という時間をつくろう，それには彼らが夢中になれる教材を
探して，本気で授業をするしかないと，私は強く思った．

◆意図的な取り組み開始

　この日から私は無我夢中で，思いつくさまざまな取り組みを始めた．「課
題をやらせる」とか「何かをできるようにする」というのではなく，彼ら自
身が何を求めているのかを一生懸命考え，そこに意図をもって働きかけてみ
ることにした．めちゃめちゃなかくれんぼや平均台渡り，大きなシャボン玉

づくり…，失敗もたくさんあったが，みんなの顔が輝き，りんちゃんも自ら動きだす瞬間に出会えるようになってきた.

それは「授業」なんてよべるものではなかったが，これでいいと思える手ごたえを感じたのだ.

◆新しい提案 「嫌いだ！」と話すこと

夏休みに研修会で，竹沢清さんに「偏食」への対応について質問させていただく機会があった. その時の竹沢さんの答えが印象的だった.

「教育するということは，自由を獲得させていくことではないか. その子自身が，今もてる最大の力を発揮して社会の中で折り合いをつけながら生きていけるような『自由』を. そのためには，自分の意思を伝えられること，自分の気持ちを表現できることこそが大事ではないか」.

本当にそうだと思った. 無理やり食べられるようにすることより，嫌いな物でも食べてみようかな，という気持ちにさせること. そのためにまず「嫌いだ！」と表現させることから始めなくてはと思った.

そこで，2学期はまず，りんちゃんに「折り合いをつける力」，自分の意思を表現し，自分を立て直していけるような「言葉の力」を育てていきたいと思った.

ある日，彼女が大嫌いな給食を前に閉じこもりかけた時，「嫌なものは，はっきり『嫌い. 食べたくない！』と言っていいよ. でも，何にも食べないと元気がなくなっちゃうから，がまんして，少しは何か食べようよ. 了解？」と，私は真剣に語りかけた.

すると，私の膝に顔を埋めてじっと私の言葉に耳を傾けていたりんちゃんが，小さな声で「はい」と言ったのだ. すぐには動かない. だけど彼女は「はい」と言ったのだ，信じようと思った.

しばらく知らん顔してそのまま私が給食を食べていると，彼女がすっと起き上がった. そして私の顔をまっすぐ見てから，ごはんを指さす. 私が黙ってうなずく. そのあと牛乳を指さす. またうなずく. それから野菜のカップをさす. そして「これ食べない？」と言うのだ.「ごはんと牛乳は飲むから，

これは食べなくていいか？」という意味のようだ．本当は，彼女はこんな言葉をもっていたのだ．そして私が話したこともたぶん全部理解できている．「うん．わかったよ．ごはんと牛乳ね．それ食べたら今日は野菜はなしにしようね」．

すると，彼女は「はい」と言った．こんな素直な彼女の「はい」を私は初めて聞いた．今まで彼女が暴れていたのは，私がちゃんと対等に全力で彼女に語りかけていなかったからだ…，彼女の気持ちを本気でくみとろうとしていなかったからだ…，彼女から，「食べたくない」という言葉を奪ってきたのだとやっと気がついた．

その後，彼女は今まで食べなかった食材まで「これ嫌い！」と言いながらも，一口くらいは食べられるようになっていった．

◆ 「りんは小さい！」算数で比較の勉強

この頃りんちゃんは，さかんに「りんは，できない！」「りんは，小さい！」と言っていた．でも，りんちゃんは本当は身体も学年も，じつはほかの友だちよりも一番大きい．

いろいろなことで自信をなくしているりんちゃんは，自分のことを「小さい」と表現したのだろう．そこで，算数の授業で，いろいろな分野の比べっこをしようと思った．

まず，りんちゃんの大好きな，コーラを教材にした．まだ暑い9月．教室にコーラを持ち込んだだけでみんなが集まってきた．黙って3つのコップに少し差をつけてコーラを注ぎ，「どれが一番多い？」と一人ずつ聞いていくと，「多い・少ない」の言葉の意味がわからないのか，4人中3人がはずれだった．けれど「じゃ，ほしいコップをどうぞ」と言うと全員一番多いものを指した．日常何気なく使っていてわかっていると思っている言葉でも，正確に理解できていないものが多いのだと気づかされた．

そのあとは，色水をいろいろな容器に入れ替えたり，ぴったり同じ量に注ぎ分けたりした．目盛りの読みも教えて難しい勉強風にすることで一生懸命になるあっくん．隣で水を空けたり入れたりの遊びを夢中で楽しんでいるま

ほちゃん．手先の操作が苦手なゆみちゃんは，ていねいに水を注ぐことこそ
が課題だった．でもその横でまるで科学者のような表情でぴったり分けて何
杯になるかを考えていたのがりんちゃんだった．いつのまにか，バラバラの
課題でも，同じ場で4人揃って勉強することができるようになっていた．

◆ りんちゃんの交渉を受け入れる

　りんちゃんの学校生活がだいぶ落ちついてきた頃，給食の時間に「先生，
ママちゃんは歩いて死んだ．金曜日はむらさきいろの車！」と言った．うー
ん，歩いて死んだ？　りんちゃんの中にある言葉で必死に私に何かを要求し
ている．しかも暴力をふるわずに，自分の要求を伝えようとしている…，そ
のことがすごく尊いことに思えて，じっと彼女の言葉に耳を傾けて考えた．
どうやら，ママちゃんが，自分の送り迎えで歩いてくるのが疲れてしまうか
ら，6時間ある金曜日は車でお迎えに来てもらいたいということのようだ．
そしておそらく，ママというより自分が金曜日は車で帰りたい！　というこ
となのだろう．

　りんちゃんが，何よりも好きなママちゃんを「死んだ」ことにして「車で
の送り迎え」を要求するなんてすごいと思った．でも，そんな彼女の行動が
うれしくて，「わかった．じゃあママちゃんに6時間の日だけ車で来てくだ
さいと頼んでみようか」と言うと，「はい！」とりんちゃんは言った．そし
て私が，「じゃあ，お電話してくるので，もう少し給食食べましょう」と話
すと，苦手なおかずを一口ものすごい顔で口に入れて飲み込んで見せた．彼
女の中で少しずつ「折り合いをつけて交渉する」気持ちがでてきたようだ．

2　教師の願いを明確にもって（2年目）

◆ 給食対決──教師の姿勢を明らかにする

　新学期の授業参観の日の給食は，彼女にとって最悪のメニューだった．何
一つ食べられるものがない．献立を見たあたりからふてくされモードに入っ
て，久々にストライキが始まった．

この頃のりんちゃんは，「これは嫌い！」と大きな声で言って拒否する物もまだたくさんあるけれど，挑戦できる食材も増えていた．そして食べられる食材があると，それを励みに給食を楽しめるようになってきていた．

　しかし，この日は本当に苦手なものばかりで，弾みになるおかずが一つもなかった．そして悪いことに，次の時間は授業参観だった．

　無理に席に着かせて，一応給食に向かったが，手をつけようとしない．早くしないとお母さんたちが来てしまう．そんなふうに思って，「りんちゃん，牛乳だけでいいから，早く飲みましょう」と迫りかけたとたん，いきなりカップに注いだ牛乳を私の顔に投げつけた．

　「さあおまえはどうする？」彼女の気持ちに寄り添わず，参観日を優先しているあせりが私にあったのを，彼女は見逃さなかったのだ．でも，だからこそ，ここは叱ろうと決めた．このあとの授業参観より，今ここで叱らないことは彼女をあきらめてしまうことになると思った．

　「もう！ りんちゃんはちゃんとお話ができるのに牛乳を投げつけるとは何ごとか！」

　烈火のごとく強い口調で迫った．その私の顔を見て，しまったという顔になり，小さく彼女は「ごめんなさい」とつぶやいたが，すぐには素直になれず，隣の教室に行ってしまった．お母さんたちが来はじめても，彼女は戻って来られなかった．

　とりあえず残りの３人を席に着かせ，介助員さんに本を読んでもらっている間に，隣の教室でもう一度りんちゃんと話した（私が一方的に）．

　「給食を何も食べないで，家に帰って倒れてしまっては困るから，先生は何か少しは食べてもらいたい．でもどうしても今日は牛乳も飲めないというなら，ちゃんと言おう．カップを投げつけたりするのは，絶対にバツ！　わかった？」と静かに話して，「落ちついたら授業においで．隣で待っているからね」と言って，教室に残したまま授業を始めた．

　以前の授業参観ならこの時点で他の３人が落ちつかなくなり授業どころではなくなる．でも今年はちゃんと他の３人が落ちついていられた．そして何よりうれしかったのは，最初は照れくさいから隣からぞうきんを投げ込んだ

りしていたりんちゃんに，私が目で座るように合図を送ると，すっと教室に入ってきて，自分の場所に座り授業に参加したのだ．りんちゃん，切り替えられた．

3　思春期を迎えて（3年目）

　6年生になったりんちゃんは，さまざまな言葉や絵や文章で自分の気持ちを表現できるようになっていた．そして「嫌だあ」と大騒ぎしながらも，一生懸命がんばれるりんちゃんに成長していた．りんちゃんがすごく苦手であろうさまざまな行事にもすべて，彼女は揺れる思いをコントロールして最高の笑顔で参加することができた．

　そこには間違いなく一緒に過ごした仲間たちの存在と，3年前とは違う信頼関係が私とりんちゃんとの間にできていたことが大きい．

◆教材の良さを媒介にして

　卒業していくりんちゃんたちを前に，お話の世界を楽しみながら「人とつながるって素敵」と思えるような授業をしたいと思っていた．そこでずっと大好きで，いつかどうしてもやりたかった物語教材『きつねのおきゃくさま』（あまんきみこ作，二俣英五郎え，サンリード）に取り組むことにした．

　内容はちょっと難しいかな，とも思ったが，6年生の4月に転校してきたこうちゃんが，とっても豊かな読みをする児童だったので，彼女にリードしてもらいながらみんなで読んでいくことにした．

　子どもたちはあっという間にこの話が大好きになった．みんな交代で役割読みをしたが，りんちゃんは決まって「ナレーター」をやりたがり，一番みんなの心を代弁する言葉をうれしそうに読んでいた．

　絵本をすべてカラーコピーして渡すと，みんな家でも何度も読んできて，ほとんど覚えてしまった．

　授業は1ページずつていねいに読み取りながら進めた．何が書かれているかをはっきりさせ，時にはきつねやあひるの気持ちを考えたりもした．ある

写真　きつねとお客様の絵

２月14日火曜日　きつねのおきゃくさまをやります．きつねと
ひよことあひるとおおかみとナレーターを，やりました．たのし
かったです．すごいです．明日も，やります．

時，私はこんな質問をした．

「ひよこもあひるもまるまる太ってきたぜ，って書いてあるけど，きつね
は，いつ，ひよこやあひるを食べる気なのかな？」——すると，みんな即座
に答えた．

　ゆみ：絶対食べないよ！　だって仲間になっちゃったもん！

　まほ：うん，食べない．

　こう：仲間は食べない．

　りん：みんななかよし．

　…きまってるじゃないか！　先生は何を聞いているんだ！　という感じの子
どもたちの勢いと，彼らの口からすっと出てきた「仲間」という言葉にびっ
くり．ああ，この子たちも「仲間」なんだと感じた一瞬だった．

　その日の日記に彼女は**写真**のように書いた．

◆**りんちゃん給食を分けあって食べる**

　この頃，りんちゃんの給食は，全然食べられないメニューの日のために，
お家から白いごはんのおむすびを持ってきていただき，それを職員室で冷凍
し，いざという日はレンジで解凍してのりをつけて食べていいことにした．
すると，このおにぎりのおかげでりんちゃんは，どんどん苦手な食材を受け

入れられるようになっていった．そしていつのまにか，友だちと交渉しながら「とりかえっこ」することもできるようになっていた．

◈ 「大人になりません」

　卒業前になって，この言葉を言い続けることが多くなった．卒業式の練習が続くと急に不安になるのか，涙をこぼすこともたびたびあった．振り返ってみれば，やっと安心する場所になりはじめた「ここ」から，どこへ行くのかわからないという漠然とした不安を抱えていたのだろう．だからこそ，彼女たちには，できることや成長だけを求めず，後戻りも含めてじっくりと，力を蓄える時間を大事にしなければならないのだと気づかされた．

　彼女は，自分なりにその気持ちに折り合いをつけて，笑顔で卒業していった．

おわりに

　卒業式の3日後，お別れ遠足で遊園地に行った．そこでりんちゃんは，自分からどんどん考えて行動していた．4年生の2人をリードしながら歩き，お弁当の場所で椅子が足りないことに気づくと探し出してほかから持ってくる…，お弁当では自分から嫌いなトマトを食べてみせ，果物はみんなに分けてくれ，帰りは電車の時刻を自分から駅員さんに話しかけて確認してくれたのだ．

　教育とは「自由」を獲得させていくこと——自分の意思が伝えられ自分の気持ちが表現でき社会の中で折り合いをつけられるような「自由」を．この言葉を噛みしめていた．この日，目の前にいたのは3年前のりんちゃんとはまったく別人だった．自分の気持ちをわかってもらえている，という周りへの信頼が，彼女をこんなにも自由にしたのだと思う．

　この子たちの教育に近道はないと，今さらながら思う．彼らのもつ「言葉」の裏にある本当の思いや願いを必死に聞き取り寄り添うことなしに先には進めないのだと．そして子どもたちは，それさえ得られればそれをバネに仲間と共にぐんぐん伸びていくのだ，と今は本当に信じられる．

大人と出会い直し，仲間とつながる

別 府 　 哲

◆人間の発達に対する信頼感

　よい実践記録には，それを読んだ人に，人間の発達に対する信頼感を呼び起こす力がある．この実践記録を読んだ第一印象である．これは，全障研教員サークル「麦の会」で報告されたレポートを短くまとめ直されたものである．本記録では省略された部分も含め，私に発達への信頼感を呼び起こしたと思われる点を記してみたい．

◆実践の前提——多くの対象化されない困難さ

　この実践には，さらっと書かれているがたくさんの前提がある．一つはこの年に特別支援学級を「立ち上げた」こと，二つはだからその前年まで，りんちゃんは他校の特別支援学級で嫌いな給食を5時間目までかけて食べきるという厳しい指導を受け，ほかの子は通常学級で自信をなくすなど，皆ネガティブな体験を積み重ねてきたこと，三つは引き継ぎで，りんちゃんはまったく言葉がないと教師に思わせるほど障害の重さが強調されていたことである．多くの実践はさまざまな困難を抱えてスタートする．実践者がそれを対象化する努力が必要であるとともに，読む者にはそういった点を，しっかり行間から汲み取る必要がある．

◆子どもとの出会い直し

りんちゃんの偏食指導を考える．初日，予想外に食べた彼女が３日後，突然食べなくなる．それに対しての厳しい指導は，彼女から笑顔を奪う．それを見て，小島さんは彼女との関係づくりが先だとし，「給食，食べなくてもいいよ」．彼女に笑顔は戻るが指導は入らず，ほかの子も崩れ始める．

　この時期，小島さんは給食指導にみられるように「全面的に彼女を受け入れ」ようとする．しかし一方で，運動会の練習中わざと大の字になる彼女を許せず，練習を見学することもできないほど追いつめてしまう．表に現れた言動を「受け入れ」ようとすることは，子の思いとずれ，そのずれが時に教師に焦りを引き起こす．ここではまだ，彼女の言動の奥底にある願い・苦しみをつかみ，それを「受け入れ」ることになっていない．

　この教師としても一番つらい時期，「麦の会」などの教師集団が支えとなる．させるのでなくできることから始めようと思い，くるくる回るまほちゃんを見て「新体操ごっこ」と称する遊びをする．そこで彼女の目が輝き，りんちゃんもつられるといった場面が，点として見え始める．

　そして，運動会当日．りんちゃんの姿から，彼女が本当は運動会に「出たかった」という願いをひしひしと感じる．それなのに「できなかった」激しいつらさを教師は身体で感じる．だから大暴れする彼女に，「ただただ彼女の側でその思いを受けとめていた」．すると「彼女は…私の腕を噛んだ噛みあとをそっとなぜて，私の膝の上で少し眠った」．ここで，小島先生はりんちゃんと，新たな出会い直しをしたのだと思う．「暴れる」言動でなく，その背後にある悲しみ，悔しさ，つらさといった「思い」を共感的に「受けとめ」ることができたからである．りんちゃんが噛みあとをなぜて眠ったことは，それを先生に「受けとめ」られたと彼女自身が感じたことの証でもある．

　この実践ではこのほかにも，２学期での給食が「嫌いだ！」と言えた時，卒業年度での修学旅行など，何度も新しい出会い直しを積み重ねていく．

　「大人の育ちに応じてしか子どもの育ちはみえない」（竹沢，1992）．大人が子どもと格闘し，その思いを共感的に受け止めた（出会い直した）時，子どもはそれに人間的に呼応（近藤，2000）する．小島さんはりんちゃんの偏

食を,「彼女から『食べたくない』という言葉を奪ってきた」ことへの必死の抵抗だととらえるにいたった. とても深く, 温かい共感的理解がそこにはある.

◆意図をもって働きかける

「受けとめ」ることとともに, この実践で繰り返し強調されるのが「意図をもって働きかける」ことである. 筆者なりの理解では, 仮説的に把握した子どもが求めるものを, 何らかの形で実現する意図的な教材, 授業をつくることである. たとえば, 1年目1学期の最後では,「図工・のこぎりの授業」として,「作品を作るのでなくひたすら『切る』」(りんちゃんは歓声をあげて喜ぶ),「りんちゃんの大好きなカレーライス作りをし, 彼女を調理・会計担当にし, 全校教師を巻き込んで食べに来てもらう」授業などを行っている(もとの実践記録「意図的な取り組み開始」の具体例).

前述した出会い直しや思いの「受け止め」は, 子どもを外からアセスメントし観察することだけではできない. そうではなく, 仮説をもって意図的に働きかけ, その格闘の中でともに作り出すものでもある.「この子はこれが楽しいのでは?」「こういう活動はどきどきするのでは?」と仮説をたて, それを一人ではなく他者と, かつより身体・情動・認知を揺さぶられるよう活動を計画する. それを働きかけ試行錯誤することで, 新たな子どもの願い, 思いがつくり出されていく. 授業する前にアセスメントした子どもの思い・願いが, ずっと変わらない実践は, 本来ありえない.

小島さんは上記の取り組みを,「『授業』なんて呼べるものではありませんでしたが, これでいいと思える手ごたえを感じた」と書かれた. 子どもの思いの共感的理解と手ごたえを求めることは,「こうあるべき」という教師の側の枠, 概念を一度取り払うことを求めるものでもある. そこにも「大人の育ち」(竹沢) が存在するのである.

◆仲間とつながる

意図をもった働きかけで手ごたえを感じる授業は, りんちゃんだけでなく

４人みんなが自ら気持ちを向けてやろうとするものでもあった．この実践記録では省略されたが，１年目２学期初日，お手伝いが好きなゆみちゃんと先生二人で掃除をさっと済ませて皆で遊ぶ箇所がある．隣の教室に移動した途端，４人が身体をくっつけマットに倒れ込む．うむを言わせず，「新学期初の大相撲大会」に．負けず嫌いのまほちゃんが，負けたのに「勝った！」．泣くのを覚悟で「（相手の）ゆみちゃんの勝ち！」と大声で言うと，りんちゃんがにこにこ笑う．すぐ「握手！」と言い，二人の手をぱっと合わせると，なんだかつられて二人がしっかり握手．「おっ！　まほちゃん，負けても泣かない！」で皆大笑い．こんな場面が日常的に多く生み出された上で，３年目「きつねのおきゃくさま」の実践が生まれた．

　人と出会い直すことは，互いに相手の思いを共感的に理解し，つながりあうことである．小島さんは，それを仲間同士のつながりにまで意図的に広げている．仲間同士のつながりは一人ひとりの思いをつくりだし，それがまた新たな出会い直しを生み出す契機となる実践のダイナミズムがここにはある．

　自閉症の一つの特徴である二分的思考（行動も）がかなり激しく，それが大人にも白黒はっきりさせる厳しい指導を惹起しやすいというりんちゃんの姿，実践全体で言葉の力をとても大切にしていることなど，検討すべき点は他にも多々ある．ぜひ何度も深め直したい実践である．

文　献

近藤郁夫（2000）教育実践——人間的呼応の営み．三学出版．

竹沢清（1992）子どもの真実に出会うとき．全障研出版部．

「牛とともに」拓く教育

箕 浦 啓 太

1 初めての担任

春樹（仮名，以下同じ）は，全校朝会など全体が集まる場所にはなかなか入れず，外に出ていく．イライラすると自分では歯止めがきかなくなり，教室の物を壊したり，人に危害を与えたりする．教室にバリケードをし，誰も入れない時があった．

そんな春樹を5・6年生で担任した．私が特別支援学級の担任になって，初めて受け持った子が春樹である．どんな時にイライラのスイッチが入るのか，そんなことを考えながら過ごす日々が続いた．ただ，春樹と信頼関係を築かなければ何も始まらないと考え，2つのことを意識し，人間関係を築こうとした．

①休み時間は一緒に遊ぶ　体を動かすことが好きなため，遊びの中で人間関係を学んでいってほしいと考え，一緒に思いっきり遊ぶことにした．

②寄り添う姿勢を行動で伝え続ける　「指導」を前面に出す教師に対しては，反感を覚え，嫌悪感さえ抱いている．だからこそ，一緒に寄り添う姿勢を持ち続けようとした．

1年間かけ，少しずつ私を信頼してくれ，落ち着いて生活できるようになった．6年生になり，自閉症・情緒障害の特別支援学級（1組）の5人の仲

間と４月がスタートした.

2　"正義"の鉄拳

　６年生になった春樹は，彼なりに，がんばろうとしていることが伝わって
きた.

　運動会の練習，昨年はみんなと一緒に練習できるかどうかハラハラして見
ていたが，今年はスムーズに入った. 組体操，最後のピラミッドは，土台の
役として見事にやりきり，母も「６年間で一番がんばった運動会だった」と
話をしてくれた.

　ところが運動会が終わってから，春樹がくずれていった. ５月末の運動会
まで，春樹は，気が張っていたのだろうか.

　運動会までの春樹は，調子よく進んでいった. 私も昨年度での春樹との関
係に自信をもっていた. しばらくすれば落ち着くと思っていた. これが約１
ヵ月も続くとは，夢にも思わなかった.

　今にして思えば，そのころ，中学から通常学級に転級するかどうか，母と
ともに悩んでいた時期でもあった. 私も，交流ではこうしなければならない
と求めることが多くなっていたかもしれない.

　５月の連休明け，直人（２組・６年男子）が転校してきた. このことが春
樹の混乱に拍車をかけた. 今まで，子どもたちは，春樹とけんかすることは
あっても，ある程度，春樹に気をつかい，最終的には，春樹の意見に同調し
ていた. 怒った時の春樹を見ているからだ. しかし，直人はちがった. 春樹
にも遠慮せず，言い返す.

　ある時，春樹が，直人に「○○するな」と言った. それで，直人が春樹に
向かって，中指を突き上げた. 悪いことに，祐介（１組・６年男子）も直人
と一緒になって笑いながら逃げる….

　２人がにやにやして逃げていくのを見て，春樹は，「俺は怒った. 本気で
ぶっ殺す」と顔を真っ赤にして，20分休みに２人を追いかける. 私が「春
樹の気持ちもわかるよ」と止めるが，イライラはおさまらない. 授業が始ま

っても，2人に殴りかかろうとする．私は，体を張って止める．今度はイラ
イラが私に向き，首をしめたり，パンチをしたりと，取っ組み合いになっ
た．他の先生も来て対応してくれたが，1時間怒りがおさまらなかった．

　次の日，春樹は家で「学校に絶対行かない」と言うが，母がなんとか連れ
てきてくれた．

　別の話をしていても，昨日のことに話が戻ると，私に怒りが向き，「なん
で止めるんだ」「あいつらが悪いのに，俺が正義の鉄拳をしようとしている
のに，止めるお前は悪だ」と話してくる．1限の水泳には参加して，そのま
ま早退する．

　このころから，嫌なことがあると「帰る」と言ったり，手が出たり，春樹
の気持ちが平常心を保てないほど追い詰められているようだった．

　別の日，休み時間，ガラスを割ってしまった．

　廊下に女の子がいて，「当てるぞ」と冗談で言っていた．女の子が「きゃ
ー」と言って逃げると，本当にその子にボールを投げてしまい，そのボール
がガラスに当たったのだ．さすがに春樹も焦ったようで，しまったという顔を
している．

　備品担当の先生のところへ行き，謝るよう促すものの，「俺は悪くない」，
「あいつが逃げたから，あいつが悪い」と言う．心の中では悪いとは思って
いるのだろうが，面と向かっては謝れない．

　備品担当の先生も謝らせたくて，お互いヒートアップ…．春樹が，「もう
いや．絶対来ない．学校なんて来ない」と泣きながら帰っていった．

3　牛と出会い，人と交わる機会に

　こんな状況の中，なんとか春樹をつなぎとめたい，そう思って牛とかかわ
る学習に取り組もうとした（6月）．

　「校区にある牧場に春樹を連れていったらどうか」と教頭先生が話をして
くれた．教頭先生は特別支援教育に長年携わっていた方で，春樹のことも心
配してくれていた．

春樹は，生き物が好きだし，直接人とかかわるのではなく，牛を間にして人とかかわる取り組みがいいかもしれない．動きながら学習する，というのも春樹に合うだろう．そう思いつつ，ひとまず私だけで，学校から1km離れたところにある森本牧場を見学に行った．

　牧場主の森本さんから，学校給食に森本牧場の牛乳が出荷されていると聞く．子どもたちに身近でいい．また，森本牧場では，実際にえさやりや乳搾りなどで牛と接し，体験的に学ばせてもらえるとのこと．森本さんは，本当に気さくで，私もこの方から酪農について学びたいなと思うほどであった．

　森本牧場に行こう．春樹もなんとか，牛を通して学校生活を楽しみにしてほしい．そんな思いで生活単元の学習を組んだ（これ以降，月に1，2回，2月まで続く）．

　森本牧場での体験が，自主的な活動になるように心がけた．そのため，森本牧場に行ったら，まず自分たちのやりたいことをしてから，乳搾りや給食に森本牧場の牛乳が出ることを発見できるような授業を展開した．学級で牛が共通の話題になり，かかわりが深まっていけば，と感じていた．

◆牛さんとの出会い

　牧場に出会う前に，校区探検をした．1組と2組（自閉症・情緒障害）の9人で出かけた．校区には川や寺など，子どもたちの気持ちを動かす環境が多くあった．

　その校区探検中に，偶然，森本牧場に出会うというのが私の"演出"であった．

　祐介：あ！　あそこに牛がいるよ．

　理恵（2組　3年女子）：看板もあるよ，森本牧場って書いてある．

　私は内心ニヤリとしながら，「行きたい？」と尋ねると，「行ってみたい」と何度もうなずく．

　「よし！　行ってみよう」

　みんなは，森本牧場までの坂を駆け上がる．敷地に入る時，「ちょっと待って．今から，入っていいか聞いてくるから，ここで待っててね」と私が言

うと，春樹も「俺が交渉してくる」と言う．

　私と春樹と2人で，森本牧場に入っていく．「こんにちは．今，看板を見て，子どもたちが牛を見たいって言っているんですが」．私が森本さんにわざとらしく話すと，「いいですよ．見ていってください」と答えてくれる．森本さんが言い終わるや，春樹はみんなのもとに戻っていく．遠くから春樹の声が聞こえる，「入っていいって．でも，牛がいるから騒いじゃだめだよ」と．

　「自由に見ていい」と言われ，100頭以上いる牛のところへ，子どもたちは，一目散に走った．

　牛は，「おーい，来て」と呼んでも，来るわけではない．黄色い帽子をかぶった彼らを警戒し，50センチ以内に近づいてこない．「触りたい」「くさい」という声も聞こえる．

　春樹は，森本さんに「どうしたら触れますか」と敬語で尋ねる．森本さんは，「おどかしちゃだめだよ．いつも一緒にいて，仲良くならないとだめだよ」と答えた．

　春樹は，学校の先生には，なんの躊躇もなく，「うるせえ」と言うのに，森本さんには敬語をきちんと使っている！　別人のようだ．彼にとって，森本牧場や森本さんは学校とは違う何かがあるのだろうか．

　牛の舌を触った子もいて，「ザラザラしてた」と話す子，それに対して「触りたい」と騒ぐまわりの子．1時間はあっという間に過ぎていった．

　「また来たい」「もっと牛さんに触りたい」と子どもたちが口々に言う．森本さんにその場でお願いして，次も見学させていただくことになった．

　子どもたちは教室に戻ると，牛と出会ったことに興奮している．他の先生に「牛さんに会ってきたよ」と話したり，「モウ」と大きな声で真似をしたりしていた．春樹も「（放牧されている）牛をいっぱい集めた」とみんなに自慢していた．春樹は書くことが嫌で，いつも日記を書かない．だが，この日，「さわるのはじめて」と書き，「森本さんってどんな人だった？」と聞くと「ぼくじょうのかんりにん」と書いた．

　ここから，牛さんとの生活が始まった．

春樹や直人が，学校でトラブル
が多かった時期ではあった．だ
が，森本牧場にいる間は，トラブ
ルは一つもなかった．

◆搾った牛乳の行方

　次の時間，森本さんにお願いを
して，一人一人乳搾りをさせても
らった．森本さんは，親指と人差
し指に力を入れ，そのあと，中
指，薬指，小指の順番でつかむと
いいということを教えてくれた．

　直人は，「両手でやって，森本
さんに褒められたよ．ぎゅっと力
を入れる」と自慢げに話をした．

　春樹は，「どうやってやるんで
すか」と森本さんにアドバイスを

触ってもいいですか…

もらっている．森本さんに「将来有望だな」と言われると，笑って「任せて
ください」と答えていた．

　乳搾りの時，自動の搾乳機で牛乳を搾っている牛がいたことを見ていて，
「あの牛乳はどこにいくの？」という疑問も子どもから生まれていた．和也
（1組・6年男子）が，指をさし，「あそこにパイプがあるでしょ．あそこに
流れていったよ」と言っていたので，森本さんは，牛乳があるタンクを教え
てくれた．

　そのあと，タンクまで見にいって，牛乳があることを確認したのは，春樹
と和也だった．森本さんにくっついて，タンクまで見にいったのだ．

　私は，「タンクの牛乳はどこにいくのか」という疑問に答えられるよう，
森本さんに，出荷するトラックがいつ来るのか，聞いた．すると，「毎日，
10時半に取りに来るから見てもいいよ」との返事．

別の日，みんなで森本牧場に行った．子どもたちにはトラックのことは内緒である．「トラック来たよ．見に行こう」．牧場にある牛乳のタンクから，トラックに牛乳が運ばれていく．

　　春樹：白いのが流れてるよ．

　　和也：これ全部持ってっちゃうの？

　　森本：そうだよ．全部持っていくよ．

　　由貴（2組　6年女子）：この牛乳どこに行くの？

　　森本：○○生乳という会社に行くんだ．みんなの給食の牛乳になっているんだよ．

　その日，給食の時間になると，牛乳瓶を見つめて理恵が「森本牧場って書いてないかな？」と探していた．

◆「カウ会議」

　森本牧場に行くたびに，森本さんから教えてもらったことや，気づいたことを話す時間をとった．

　全員の机を半円にして話していたので，「会議っぽいね」と言ったら，春樹が，「牛って英語で何て言うの？」と聞いてきた．「カウ」と答えると，「よし，じゃあカウ会議だ！」と言う．春樹が名付け，みんなも了承した．

　「牛さんと仲良くなるにはどうしたらいい？」と聞くと，春樹は「こわがってはいけない．牛が食べやすいところに，えさを持っていく．大声はだめだし，逃げちゃだめ」と話した．由貴は，「一人一人名前があると森本さんから聞いたよ．名前を呼んだらいいんじゃない？」と発言．牧場に行くたびに，子どもたちは新しい発見をし，そのつど「カウ会議」をして，学んでいった．

　カウ会議では他にもこんな意見が出た．

・今日，牛さんが不機嫌だった．理由を聞いたら，最近，獣医さんが来て注射を打った．だから，人間がこわくなっているんだって．（勇人　6年男子）

・「ネコがなんでいるのか」ということを聞いたら，「野生のネコだよ．牛乳

が飲みたくて来ている」ということを教えてくれた．（祐介）

ある日，春樹と祐介の意見がぶつかりあった．

春樹：集団で牧場行くの嫌だ．こいつらが牛を拷問する．特に祐介が牛を
　　　傷つける．学校で牛には行かない．行くやつ全員ぶっとばす．

箕浦：ちょっと待って．

春樹：祐介のおせっかいをやくのが許せない．牛に触りたいのはわかるけ
　　　ど，話聞く前に，えさをあげてたんだよ．なんで森本さんの話を聞
　　　かないんだよ．ふざけんな．

祐介：いいじゃん別に．触っていても森本さん何にも言ってないじゃん．

春樹：触りすぎだって．

箕浦：どっちの意見もわかるけど，今度，森本さんに聞いてみようよ．

春樹：森本さんならいい．でも祐介が触りすぎるのは，牛にストレスを与
　　　えて拷問だよ．

箕浦：今度行く時，聞いてみよう．

　春樹の言葉がきつく，祐介を責め続けていた．休み時間まで続いた．けれ
ども，私は内心，春樹が森本さんや牛の気持ちを汲もうとしていることがう
れしかった．ただ，森本さんと会って，どうなるか不安だったため，森本さ
んには，あらかじめ話をしておいた．

　後日，森本牧場に向かった．森本さんも含めてカウ会議を行った．

春樹：牛はストレスがたまると，ミルクを出さなくなったり，死んじゃっ
　　　たりする危険があるんですよね．

森本：あのね．いつもめんどう見ている人は，触ってやることは大事なこ
　　　とです．

春樹：それはわかります．

森本：放し飼いになっているので，人が触らないと近づいても逃げるよう
　　　になる．飼いやすくするためには触ってあげることが大切．

祐介：ほれ．

春樹：ストレスがたまる危険はあるんですよね．

森本：ふだんめんどうを見ていない人が，ふっときて触るとストレスにな

る.

　春樹：やっぱりストレスになるじゃん.

　森本：そうばっかりでもないんで.

　春樹：じゃあ，どっちが正しいんですか. 祐介がやりたい放題やるじゃ
　　　　ん.

　森本：子牛は，大丈夫です. 乳を搾っている牛はあんまりストレスを与え
　　　　たくないけど.

　箕浦：こっちは子牛ですよね.

　春樹：あっちの牛はどうなんですか.

　森本：こっちはいいけど，あっちはあんまり触らしてあげてないでしょ.
　　　　子牛はいいよ.

　春樹：大人牛はストレスがたまっているんじゃないですか.

　森本：脅かすのはダメだけど，怖がらない程度に優しく触ってあげるなら
　　　　いいよ.

　春樹：それって，明らかに俺たちがやっていることだよね.

　箕浦：だから注意してやってほしい.

　春樹：牛に夢中になって，森本さんの話聞かないのやめてよ. わかったよ
　　　　ね.

　祐介：うん. わかったよ.

　カウ会議でも，いつ怒りが爆発するかわからなかった. しかし，最後は，
普通の声のトーンで祐介に話ができた. それだけで，すごい！ 祐介に少し
でも，穏やかな表情で諭すことができて安心した. “敵”同士だった二人が
牛の気持ちを考える“仲間”になった瞬間だった.

◆牛さん放送局

　子どもたちは，自分たちで聞いたことや調べたことを3年生に発表する
場，それを「牛さん放送局」と名付けた. 3年生が地域の学習をしていたか
らでもあった. 4つのグループに分かれ，準備をした.

　将来シェフになりたいという夢をもつ春樹は，牛乳を使った料理を発表す

ることになった．

　どんな料理にするか春樹はとても悩み，家に帰って母や姉にアドバイスを
もらっていた．悩んだ末に，誰でも簡単に作れる，カルボナーラ風リゾット
を作ることになった．

　はじめ，春樹は，腕前を3年生の前で見せたい気持ちもあり，すべての料
理の手順を見せようと考えていた．発表自体があまり想像できていないと思
い，「じゃあ，一度作ってみようか」と投げかけた．実際に，調理の練習を
すると，調理に15分もかかってしまうことがわかった．私が「これ全部や
るの？」と春樹に聞くと，「飽きるね．短くするところはないかな」と答え
た．「先に作っておけばいいかもね」と私が提案すると，「できたやつ，ポン
って出すテレビあるね．テレビっぽくいこう」とすぐに受け入れた．

　春樹は，料理番組が好きでよく観ている．3年生に伝わりやすい発表の仕
方がイメージできたようである．

　いよいよ発表の時がきた．3年生を前にして，みんな緊張してそわそわし
ている．

　春樹：今からカルボナーラリゾットを作ります．とってもおいしいです
　　　　よ．では，卵を3つほど割ります！（1つ目の卵を両手で割る）
　箕浦：いいぞ，いいぞ！
　春樹：2つ目の卵を割る（右手だけで割る）
　みんな：おー，片手！
　春樹：3つ目は黄身と白身を分けます！
　みんな：すげえ．
　春樹：これぐらいは，シェフになるなら当然です（ボールに黄身と白身を
　　　　一緒に入れる）
　箕浦：拍手（分けた意味ないじゃん）

　練習にはない言葉がどんどん出てきて，彼のアドリブの力はすごいなと感
じた．

　さらに，完成すると，言った．
「給食の時に持っていくから，何点か採点して教えてください」．

急遽，給食までの時間にカルボナーラリゾットをたくさん作った．3年生の教室まで持っていき，春樹は「どうぞ，どうぞ」とシェフになりきって渡し，とてもうれしそうな顔をしている．

　後日，3年生から手紙が届いた．「10000000点でした」とか，「おいしかったです」とあって，「俺は，特別支援学級で一番，料理がうまい」と満足そうだった．わかりやすく伝えようとすれば，相手もしっかりと聞いてくれるということを実感として感じてくれたにちがいない．

　「牛さん放送局」が終わり，直人と春樹の関係も少しずつ変わってきた．紙芝居を作って牧場のことを発表した直人は，森本さんの顔を描いた．それを見て，春樹は，「直人の絵は，似てないけど，でも上手だよ」と話した．少しずつ認めあえるようになってきた．

　夏休み前に，暑中見舞いを森本さんに出した．すらすら森本さんに思いを綴る祐介．

　「森本さんへ，いままでありがとうございました．またきます．ぼくはうしさんのことがだいすきです．うしさんのことをもっともっとしりたいです」．

　春樹も，「またうしみにいく．よろしく」と，いつもより丁寧な字で書いた．

◆ 「尊敬できる大人」に出会った

　9月からも月1〜2回のペースで継続的に森本牧場に行き，2月末，最後の見学になった．

　森本さんに感謝の手紙を渡し，何度も通った牛さんとの生活は終わった．牧場は特別支援学級のみんなにとっても特別な場所になった．

　春樹に「森本さんって，どんな人？」と聞くと，「心の広さは神レベル」と答えた．「なんで？」と聞くと，「僕たちが行っても，イヤな顔をせず，牛に触らせてくれたり，ストレスになるのをわかっていて，乳搾りをやらせてくれたから」と答える．

　森本さんとかかわりあっていく中で，「牧場の管理人」から「尊敬できる

大人」へと変わっていったのだろう.

4 「すいません」が言えた

11月の下旬.休み時間,一人で教室にいて,剣を振って遊んでいたら,今年2度目のガラスを割ってしまった.「悪いと思っている」と春樹が言う.「備品担当の先生のところに行って謝れる?」と聞くと,「うん」と返事.(お! 謝るのかな)

一緒に職員室で,備品担当の先生と話をしていると,だんだん雲行きが怪しくなってきた.

先生:こういう時は,何て言うの?

春樹:弁償するって言ってんだから,それでいいだろ.

先生:弁償すればいい話じゃないでしょ?

春樹:弁償すれば,責任は果たせたことになるから,いいんだ.

教室に戻り,時間を空けて様子をみることにした.しばらくして,「春樹も悪いと思っているんでしょ」と聞くと,「悪いと思ってるよ」と答える.

私は,「謝れたら,少し人生変わるかもね」,「たまには,謝るのもいいかもね」と,お説教にならないように,でも聞こえる声でつぶやいた.

この声が伝わったのか,「もう一度,先生のところに行く?」と聞くと,「行く」と答えた.備品担当の先生と会ってすぐに「すいませんでした」と言った.彼とは1年半のつきあいで,「すいません」との言葉を初めて聞いた.

今まで謝らなかったのは,春樹の不安な心をかき消すために,強がっていたのだろう.

5 未来に向かって

卒業式が終わり,最後みんなで写真を撮っている時,「春樹,最後に,保健の先生に謝ってきたら?」と私が促すと,何も言わずについてきた.

春樹は，５年生の時も６年生になって牛で楽しんでいる時も，保健室に行っては，保健の先生に毎日のようにパンチをしていた．そのことを，気持ちの息抜きのためにやっていると受けとめてくれた保健の先生——．

　保健の先生は，春樹のほっぺたに両手をあてて，「卒業おめでとう．さみしいねえ．がんばってね」と声をかけてくれた．

　すると，「今まで，たたいてすいませんでした」と話す．

　そのあと，本人は，さばさばと「じゃあな」と親のところへ戻っていった．

　残された私と保健の先生は，顔を見合わせ涙を流した．形だけの「すいません」じゃないからこそ，私たちは，春樹の姿に涙を流したのだった．

◆強がらなくても生きていけたら

　４月，「中学校に無事入学した（通常学級）」と，母から連絡がきた．「初日に作文の宿題があったけれど，辞書をとなりに置き，漢字を一生懸命使い，書いていました」と話してくれた．

　作文の中には，「ぼくわ，頭がわるいけど，これからがんばりたいです」と書いてあった．

　今まで強がりとも見える，強い自分しか見せなかった彼が，弱い自分をはじめからさらけ出していることに私は胸が熱くなった．

　もう強がらなくても生きていける，そう心の奥底で春樹が思ってくれたら，私は幸せ，そう思うのだった．

打つべき手を打って，あとは子どもの力に信頼を寄せる

竹　沢　　清

◆問いと答えの間をじっくりと取る

　障害のある子どもと牛を出会わせる――．

　一見，突拍子もない取り組みのように見える．けれども，読み終えると，すがすがしい感動に包まれる．しかもこの実践が，教師5年目のものと聞くと，さらに驚く．だが，箕浦さんの経歴を知ると，実践の底流にたどり着き，納得がいく．

　福祉の大学を出，福祉現場（認知症の人のグループホーム）で3年間働き，その後大学院で教育を学び，小学校に赴任しての5年目である．

　かつて，教育学者の大田堯は，教育が「問いと答えの間が近すぎる」と警告していた．「偏食があるから，薬のように細かく刻んで食べさせる」というような直線的な働きかけのことである．

　この箕浦実践は，そうした流れの対極にある．

　気になる行動，問題行動を直接なくそうとは考えない．箕浦さんの実践には，福祉から学び取った「人間を丸ごととらえる」，「子どもを生活の根っこから育む」視点が息づいている．いわば，偏食は「こだわりの食べ物編」，だから遊びなどでこだわりそのものを和らげ，タイミングを見計らって，食べることに導く姿勢と言っていい．

◆牛と森本さんに「出会わせる」

　実践の，確かな方向性・手立てを見てみたい．

　物を壊し，人に危害を加える春樹（小5）は，遊びなどで人間関係を結ぶ力が育ち，落ち着いてきた．だが6年生になって，中学校への進学を控え，葛藤が増す．通常学級に行くため，親も教師も，焦っていたのかもしれない．春の運動会，彼なりにがんばった．だが，5月末荒れだす．疲れが出たのだろうか．そこに直人が転校してきた．彼の存在がぶつかりあいをいっそう激しくする．

　「このトラブルを何とかしたい」．ここから，牛さんとの出会い，となっていく．

　けれども，たとえ，教頭さんのアドバイスがあり，春樹が動物好きであったとしても，根底に，牛にかかわらせて育つ力への，箕浦さんの見通しがなければ，進んでいかない．ここで，先の，福祉のまなざし・生活からの視点が活きてくる．

　念のため言っておきたい．牛をただ見学に行くのではない．箕浦さんは，牛や牧場主の森本さんと「出会わせる」．教師には「うるせえ」などという春樹が，森本さんには，「どうしたら触れますか」と，ていねいな言葉で話しかける．

　自分の思い通りにいかない存在（牛），日常性とは異なる・尊敬に値する他者（森本さん）に出会って，春樹が，自己中心性を削ぎ落していく．

　子どものトラブルが起きたとき，ひとまず二人を引き離す．だが，引き離すだけでは，当の課題を抱える子の内側に，人と交わる力は育たない．人間関係での課題は人間関係の中で克服させていくのが原則だ．ではどうかかわらせるといいのか．

◆「魅力的な活動」を通して

　以前に，保育の学習会で，こうたずねられた．

　「保育園に障害児が入り，健常児にベタッとかかわり，嫌がられている．どうしたらいいか」．

私はその時,「二人の関係がやわらいでいる時は?」とたずねた. すると,「プールの時だ」という. なるほど.「人―人」を, 直接向き合わせるのではなく,「人―楽しい活動―人」の三角の関係をつくることで, 関係が変わる(あるいは, 相手への見方が変わるきっかけができる).

　ここでも, 牛とかかわるという「魅力的な活動」を仲立ちにして, 子どもたちの人間関係・集団が形成されていく. 現に,「森本牧場にいる間は, トラブルは一つもなかった」と記されている.

(なお, 私と箕浦さんが所属している日本生活教育連盟では, 先の「魅力的な活動」を, 広い意味で「学級文化活動」と称している. まず集団ありき, ではなく, 魅力的な活動に取り組む過程で, 集団が形成されていくことを大事にする).

　もともと, 飼育や栽培は自分の思う通りにならない世界. ここでは飼育ではないが, 牛さんという圧倒的に迫ってくる存在. だからこそ, 自分の思いに閉ざされがちな春樹にとっては, 手ごたえのある, 越えるにふさわしい世界であった. 箕浦さんは, これがメダカやウサギだったら, 春樹の変化は生まれなかっただろうと言っている.

◆打つべき手を打つ

　牛さんに会わせただけでない.「カウ会議」で, お互いの認識を深めあっている. これも重要だ. 見学は楽しかった, で終わらせるのではなく, 感じたものを突き合わせることで, 他者の感じ方を知り, 自分の思いをより深めることができる.

　また地域を学ぶ3年生に,「牛さん放送局」と称して, 発表する場を作っていったことも意味がある. 発表によって, 自分の思いを確かにできるし, 主体性が育つことにもつながるからだ.

　細やかで, たしかな手立てがいくつもある.

・牧場見学は事前にお願いしてあった. だが校区探検で偶然見つけたかのように演出してみせる.

・春樹と祐介が「カウ会議」で, 牛へのかかわりでもめ, 森本さんを交えて

話し合いをすることになった．それで，森本さんには，事情を汲んで対応してもらえるよう，前もってお願いする．

・牛乳を使った調理を発表するとき，春樹の手順では時間的に無理と察知し，（テレビのように）できたものを示すやり方をアドバイスする．

・「謝れたら人生変わるかもね」とつぶやいて，さりげなく誘い，備品担当の先生や養護教諭に，はじめて自分から謝るきっかけをつくっている．

・「カウ会議」「牛さん放送局」など，ネーミングが，子ども心をワクワクさせる．

　私はよく「待つ指導とは，打つべき手を打って，あとは子どもの力に信頼を寄せること」と言う．箕浦さんはまさに，打つべき手を連打している．

◆４つのメッセージ

　この実践は，いくつもの問題提起をしている．

①教育の基本に戻る

　障害児教育の実践ではあるが，普遍的に教育で大事なことを想起させてくれる．

　　ア　「地域に根ざす教育」．牧場は，地域にあるがゆえに，何度でも訪れ，「学び深める」ことができる．また森本さんは，身近で，ふつうの人．それだからこそ，「牧場の管理人」から「尊敬できる人」に見えてきたことの意義は大きい．

　　イ　当初，実践は，春樹の出番を想定して進められた．それが，学級集団づくりに発展していく．世界を「拓いた」のは春樹だけでなく，子ども集団全体でもある．個別指導が強調されがちな今日，この実践は改めて，「人格は，集団をくぐり抜けて形成される」ことを示してくれる．

②「子どもへの共感」が大人の共同に

　かつて，「管理主義教育の愛知」と言われた．今も，さまざまな困難が存在する．教職員集団・父母との共同などもそうだ．記録では，教頭さん，養護教諭，備品担当の先生，春樹の親と，彼を取り巻く大人が登場する．大人集団のなさは，実践を困難にする．だが，春樹と大人の変化（の兆し）は，

「子どもの事実を共有することで，大人の共同が築かれていく」．そんな可能性を示唆してくれる．

③実践記録としての値打ち

　この実践は，実践記録としても，値打ちがある．実践のありさまが生き生きと伝わってくる．「事実があればイメージがわき，イメージがわけば伝わる」との原則が踏まえられているからだ．

④子どもたちへの励まし

　春樹への「強がらなくて生きていけたらいい」，という言葉は，苦悩の時代を生きているすべての子どもたちへの励ましのメッセージでもある．

　そして実践は，私たち大人に，「人間を変革の可能性においてとらえる」ことの大事さと，それを「社会に発信する」ことの必要性を，感動とともに教えてくれる．

"たけのこと仲間たち"で取り組んだ「龍神太鼓」

与 倉 麻 美

はじめに

　その当時私が勤めていた学校は，市の中心街から離れ，田園風景に囲まれた高台に建っていた．各学年が２クラスずつの全校三百数十人の小学校だった．この地区は，三世代同居の家庭も多く，古からの神事と結びついた伝統行事に子どもたちも参加するなど，大人たちに地域の文化の担い手として期待されることの多い地域だった．その一方で，新興住宅街も年々増え，保護者同士の関係は，ややもすれば希薄になりがちであった．

　赴任当時，特別支援学級は，たけのこ１組（知的障害）とたけのこ２組（自閉症・情緒障害）の２学級が設置されており，私はたけのこ２組の学級担任となった．私は特別支援教育コーディネーターも担当することとなったが，異動当初，特別支援学級入級だけでなく，通級指導教室の利用さえ，校内で取り出し授業を受ける巡回指導の希望者はいないと聞いて，特別支援教育への抵抗感の大きさを感じずにはいられなかった．

　今回報告するのは，その小学校で毎年行われていた11月の校内音楽会および12月の市内の特別支援学級合同発表会「なかよし発表会」に向けての取り組みである．

1　校内音楽会に向けて

◆それまでの取り組み

　私が異動してくる以前のたけのこの子どもたちの校内音楽会への参加の仕方は，各学年の発表に参加するという形で，学級独自に発表することはなかったようだ．今までの在任校ではいつも，たとえ学年発表に参加しても，それだけでは見せることのできない，特別支援学級の子どもたちの生き生きした姿を校内の友だちや先生，保護者に見てほしいとの思いで，学級独自の発表もしてきた私にとって，本校でも独自に発表するということは至極当然のことだった．そこで，まず，主任であるたけのこ1組の担任と相談したところ，12月に「なかよし発表会」で特別支援学級単独で発表をする必要があるので，そのリハーサル的な位置づけならやってもよいのでは，ということで了解を得た．そこで，さらに学級の保護者にも了解を得た上で，職員会議に提案して学校全体の了解も得，たけのこ独自の発表もする運びとなった．

　こうして，たけのこ独自の発表を重ねてきた．「龍神太鼓」を演目にする前の3年間は，たけのこ1組の担任を中心に劇の発表に取り組んだ．子どもたちは学年の発表にもたけのこの発表にも参加することになるので，負担が大きくならないように，11月の校内音楽会では，12月のなかよし発表会に向けた劇中の歌やダンスを中心とした内容にして，期間を長くとって少しずつ練習を積んでいった．また，その年卒業する6年生を中心においた内容にした．

　初年度は，観客の反応の中に「特別支援学級の子どもたちの発表に対する戸惑い」とでもいうようなものも感じられたが，年数を重ねるごとに，教職員だけでなく，通常学級の子どもたちや保護者からも温かい反応が返ってくるようになり，たけのこの子どもたちの「存在感を示す」という意味で，それなりの成果も得てきたと思われる．また，たけのこの子どもたちにとっても，たけのこでも発表をするということは至極当然のこととなり，「今年は何をするの？」と楽しみにしている様子も見られるようになった．

ただ，私の学級のタケルくんにとっては，それまで取り組んでいた，どちらかといえば"かわいらしい""ユーモラス"といった感じの歌やダンスを中心とした内容の発表は，中学年の頃はよかったけれど，高学年になるにつれて恥ずかしくなってきたようで，「劇のセリフを言うのはいいけれど，あのおどりと歌だけはいやだ」と，いやいやしている様子が見られるようになった．そして，ついに6年生になった時は「なかよし発表会には絶対出ない！」と言うようにまでなっていた．

◆タケルくんのこと

　タケルくんは，私が赴任した年に，通常学級からたけのこ2組に入級してきた．通常学級に準じた教育課程を編成して学習を行う，朝の活動と自立活動はたけのこで，その他の教科領域はすべて交流学級で行い，苦手な算数についてだけ私がTT指導に入ればよい，との引継ぎを受けた．そのような学習形態は私にとっては初めてのケースであったが，たけのこ2組は当時，3年生のタケルくんと2年生のワタルくんの2人だけで，規模からいって集団と呼びがたかったので，知的な遅れがなく，対人関係と集団適応，社会性に課題が大きいタケルくんにとって，交流学級・学年での学習・生活集団の中で学ぶものは大きいだろうとの考えから，3年生の時はその形でスタートし，様子を見ることにした．4年生からは，算数もたけのこで学習するようになったが，その他はすべて交流学級で学習し生活するという形を続けた．

　その時々の交流学級担任と，そして，保護者とも，良いことも悪いこともひっくるめて日々情報を交換しあい，相談しあいながら，それぞれの立場で力を合わせてタケルくんを育てていくというスタンスで指導にあたってきた．未だにこの形で良かったのか悪かったのか，私の中で答えははっきりとは出ていない．だが，その日々の中で，思ったことは何でも口にし，他の人の気持ちがなかなかわからなかったタケルくんが，6年生になる頃には，大好きな交流学級の友だちの表情を見て，「いいよ」と言いながらも嫌な気持ちになっている相手の気持ちを読み取り，どうやってあやまったらいいのだろうと悩むようになった．また，"口うるさい"交流学級の女子たちにどう

やって話をしたらわかってもらえるか，お母さんに相談し，結果，「ごめんけど，静かにしてくれん」と話しかけたりするなど，大きな成長を見せてくれるようになっていた．

◆「龍神太鼓」との出会い

　そのタケルくんが6年生となる年を前にして，彼の発達段階にふさわしく，彼が喜んで取り組めるような内容の発表を校内音楽会でしたい，という思いで題材を探していた私が出会ったのが，全障研大会分科会の中で実践報告された特別支援学級の「龍神太鼓」の取り組みだった．

　もともと，タケルくんは，隣のたけのこ1組の同学年のユウくんともども，リズム感がよく，1年下のワタルくんたちの学年が地元の民舞を踊った時も「カッコいいな，俺もやりたい」と言っていた人である．その「龍神太鼓」の実践報告のビデオに映っていた，応援の通常学級の子どもたちが支え持ち空中を泳ぎまわる手作りの龍をバックに，堂々と，しかも正確に，力強く太鼓を打つ特別支援学級の子どもたちの姿は，まさしくカッコよく，見ているこちらまでワクワクしてきた．通常学級の友だちの応援を受けて，"カッコいい"たけのこをみんなの前で披露する．タケルくんやユウくんにふさわしい題材はこれだ！　6年生になったらこれをさせたい，と思ったのだった．

　そこで，さっそく2年計画で準備に取りかかることにした．タケルくんたちが5年生だった1年目は，私自身が太鼓の研修会に出かけたり，地域の太鼓グループの方と接触を図ったりして下準備を行った．

　そして，いよいよタケルくん，ユウくんが6年生となった2年目．この年異動してきたたけのこ1組の担任に「今年は太鼓をしたい」と了解を得た．

◆たけのこ版「龍神太鼓」の取り組みへ

　2学期を前に私は，たけのこ版「龍神太鼓」の構想を，以下のように考えた．

　①今年の発表のコンセプトは，"カッコいい"たけのこ

②発表は，たけのこの子どもたちだけでなく，６年生を中心に，足りない
ところは５年生も含めて，有志の子どもたちの応援を受けて行う（「応援
したい」「一緒にやりたい」という人を募る）．
③子どもたちの応援だけでなく，先生たちはもちろん，全校の保護者およ
び地域の方の応援も募る．

かっこいいたけのこ 「思わずやりたくなっちゃう "かっこよさ"」を追求し
ていくこと．もともと「龍神太鼓」は，難しい打ち方ではない．リズムにの
って力強く打てば，それだけでカッコよく，また，組み合わせ方によって，
一人ひとりの見せ場をつくることができる，優れて質の高い教材である．こ
の「龍神太鼓」を示せば，子どもたちは，とりわけ，今までの "幼稚な" 発
表のイメージで拒否感を示しているタケルくんにとっては魅力的に映るは
ず，まさしく「思わずやりたくなっちゃう」のではないか，と考えた．その
ためには，子どもたちにきちんとした打ち方を示せるように，そして，子ど
もたちもきちんと打てるようにと，私たち教員だけでなく，地域の太鼓グル
ープの方に打ち方の指導の応援をしてもらうよう約束を取りつけた．

子どもたちの応援 「龍神太鼓」は，静かに，ゆっくりとしたリズムのソロパ
ートから始まり，１人が２人に，そして３人にと打ち手が増えていき，龍が
出てくるタイミングで，リズムが変わり，最終的には12人で力強く打ち鳴
らし，「やあ！」のかけ声で決めるという流れになっている．たけのこ１・
２組の子どもたち７人では演者が足りず，龍の持ち手や打ち手の応援が必要
となる．その応援を，タケルくんとユウくんの交流学級の友だちに頼むこと
ができれば，二人にとって何よりの応援になるのではないか，と考えた．と
りわけ，抵抗感を示しているタケルくんにとっては，応援があるかないか
で，彼がこの「龍神太鼓」に参加するか否かがかかっている．だからこそ，
自主的に「応援したい」「太鼓を一緒にやりたい」という人を募りたいと考
えた．このことは５，６年担任にもお願いし，快諾を得ることができた．ま
た，練習時間としては，休憩時間でなく，掃除時間と５校時の間の15分間
のモジュールタイムを４回分もらうこともできた．

教師・保護者・地域の応援 保護者や地域の方に，校内音楽会当日に発表を

見てもらうだけでなく，準備・練習段階から応援という形で自主的にかかわ
ってもらおう，そうすることで，たけのこの子どもたちのことをより理解し
てもらえるのではないかとの思いから考えた．また，ある事情から，この年
の学校の最大の課題は"保護者との連携，地域との連携"だった．「学校に
協力したい，力を貸したい」と思ってくださっている方はきっといるはず，
でも何をしていいのかがわからないから，その姿が見えないだけではないの
か．ならば，これを一つのチャンスにしよう．じつは，すでに協力を取りつ
けていた地域の太鼓グループの方は，幸運なことに通常学級の6年生のお母
さんでもあったが，それだけでは十分ではない，もっと応援の輪を広げたい
と考えた．

　そこで，まず，龍の胴体を作るための古シーツを集めるためのお願いをワ
タルくんが校内放送で訴え，ユウくんが書いたお手紙を全校の保護者に配る
ことにした．また，校区内の地域コーディネーターを通じて，太鼓の指導だ
けでなく，古シーツのミシンかけや龍の頭作りなど龍作りのお手伝いも地域
の方に協力をお願いした．

◆動き出した『龍神太鼓』　でもタケルくんは…

　2学期が始まり，ダンボール箱に布テープを何重にも重ねて貼った手作り
太鼓を子どもたちの前に提示し，「龍神太鼓」を叩いてみせると，案の定，
目を輝かせて「ぼくもやりたい！」と食いついてきた．さっそく，自分たち
用の太鼓を作って，地域の太鼓グループの指導を受けながら練習がスタート
した．そして，地域の方の応援を得て，龍作りも順調に進んでいった．

　その一方でタケルくんは，2学期のはじめからたけのこの発表について
「参加しない．たけのこは人数が少なくて目立って恥ずかしいから」と頭か
ら否定していた．そんなタケルくんに対しては，「わかった．でも，いつで
もやりたくなったら参加できるように，タケルくんの分も，教材は用意して
おくからね」と伝えつつ，その後は，こちらからは参加の誘いかけの言葉は
あえてかけず，他の子どもたちと準備・練習を進めていった．教室において
ある手作り太鼓に「これ何するの」と興味を示した時も，「練習用の太鼓だ

よ．本番では和太鼓を叩くの」とだけ告げた．また，龍を作る時に，ドラゴンや龍の絵の得意な彼に対し，「発表に参加しないのだから，たけのこの仲間の一人として，せめて龍のデザイン画を描いてほしい」と頼んだ．「なんで」と言いながらも，すぐその場でカッコいい龍を描き上げてくれたタケルくん．

龍用の古シーツ募集のお願いを校内放送で流した後，教室にやってきて，即「そんなの誰も持ってきてくれんよ」と毒づくタケルくん．その数日後，たくさん集まってきたシーツを見せると，へぇという顔をしてシーツを見つめるタケルくん．

6年生に応援を頼むと告げる私に，「そんなの無理に決まってるがね．6年生に迷惑だわ．6年生の発表，23曲も覚えんといけんのよ．休憩時間も練習して覚えんといけんのに，たけのこの練習なんてできるわけないじゃん」と血相変えてくってかかったタケルくん．

だが，その後，6年教室に掲げられた募集用紙に，次々と書きこまれる友だちの名前をしっかり見ていたのもタケルくんだった．

募集最終日の翌日，たけのこにやってきたタケルくんは，その募集用紙を私が手にしているのを見ると，開口一番，ちょっと自慢気に，「たくさん書いてあったでしょ」と言った．よく見ると，募集用紙の一番上に名前を書いてくれていたのは，なんと，5年生の時にタケルくんと殴り合いの喧嘩になったセイくんだった．6年担任によると，締め切り前日まで用紙は白紙のままだったとのこと．きっと締め切り直前に勇気を奮って書いてくれたセイくんの行動をきっかけに，うれしい申し出が続いたのであろう．

「なんで書いてくれたと思う？」と問う私に，「太鼓を叩きたいから？」と答えるタケルくん．「うん，それもあると思うけど，それだけじゃないと思うよ」と言うと，「ぼくがいるから？」と答えるタケルくん．「そうだよ．タケルくんやユウくんがいるたけのこを応援したいからだよ．それを，タケルくんがやらないわけにいかないんじゃない？」と促すと，「うん．やる！」と答えたタケルくんだった．

これで，ようやく，たけのこ全員そろっての発表ができる．6年生のやさ

しさが大きくタケルくんの背中を後押ししてくれた結果となった．その後，タケルくんも参加することをたけのこのみんなに告げると，歓声をあげて喜ぶ子どもたち．みんながタケルくんの参加を心待ちにしていた．そのことはタケルくんにも伝わったようで，みんなが笑顔になった出来事だった．

◆みんなそろっての練習開始

　校内音楽会まで，あと２週間．タケルくんを含むたけのこ７名全員と，６年生の有志10人（太鼓の打ち手５人，龍の持ち手５人），そして５年生の有志５人（龍の持ち手）も加わって，総勢22人の「たけのこと仲間たち」の練習が開始した．６年生の龍の持ち手の先頭は，一番に名前を書いてくれたセイくんにしてもらった．時間的にも余裕がないため，タケルくんも真剣な表情で練習に臨み，すぐに自分のパートをマスターした．今年のコンセプトは "かっこよさ"．かっこよく見せるためには，どのように太鼓を打ったらいいのか，どのように龍を動かしたらいいのか，かけ声は，と子どもたちとともに考え，振り返り，次回の練習へとつなげることを繰り返し，練習を積み上げていった．

◆「たけのこと仲間たち」の「龍神太鼓」大成功！

　校内音楽会当日．地域の和太鼓グループの方の地打ちからスタートし，ユウくんのソロパートが力強く始まる．続いて，ワタルくん，タケルくん，そのほかの子どもたちが一人ずつ交代で立ち上がってのパフォーマンス．テンポが変わると同時に，５，６年生が持つ２体の龍が左右から登場し，空中をうねるように泳ぎつつクライマックスへ．最後は応援の６年生も加わって打ち手全員の連打で「やあ！」と決め台詞．会場からは割れんばかりの大拍手で，みんなの笑顔がはじけた瞬間だった．

◆するともう一つの奇跡が…

　校内音楽会での成功に，タケルくんもなかよし発表会には出ないと言っているし，これでもういい，と満足していた私だった．ところが，音楽会終了

後の懇親会の席で，驚いたことに，以前，たけこの子どもたちの販売活動にも難色を示していた校長から，「12月の県民会館で行われるなかよし発表会に，5，6年生も連れていったらどうだ」という提案があった．学校から県民会館は遠く，子どもたちを連れていくのにはお金がかかることなので，そんなことは端からあきらめていたのだが，校長は，「あの龍神太鼓で，たけこの子どもたちだけでなく，5，6年生もとても楽しそうで生き生きとしていた．担任が了承し，子どもたちが望むのであれば，ぜひ連れていくべきだと思う」と言ってくれた．

　それならば，ということで，さっそく，PTA事務の先生と相談し，PTA会計からジャンボタクシー1台分の予算を確保することができた．予算の関係で5年生は無理だが，6年生10人は全員連れていける．6年担任にも，担任外で誰か引率してもらえるなら，ということで了解をもらい，合わせて，連れていく2時間だけは授業を進めないということも約束してもらった．これで，通常学級での授業時間がつぶれることを心配していたタケルくんも安心して参加できる！　6年生の引率は主幹教諭が快諾してくれ，下準備はすべて整った．あとは，6年生たちとタケルくんの意思の確認のみだ．

　6年生とタケルくんをたけこに呼び出し，参加の意思を確認すると，「もちろん！　やったあ！」と喜ぶ6年生たち．じつは，意思を確認する前から，6年生から「なかよし発表会はどうするの」との声があがっていたが，タケルくんとの間で「行かんよ」という会話がなされていたらしい．6年生も待っていてくれたのである．6年生の勢いにつられて，タケルくんも参加することに異議を述べなかった．

2　なかよし発表会で

　発表会当日，連れていけなかった5年生たちの代わりに龍の持ち手の応援を，校長，主幹教諭，地域の方（地域コーディネーター，民生児童委員さん，タケルくんとユウくん，ワタルくんが児童クラブにいた時にお世話になった指導員さん）に頼み，なかよし発表会のオープニングを飾った"たけの

県民会館で披露した龍神太鼓の演技

こと仲間たち”の「龍神太鼓」．最後に，「やあ！」と決めポーズをとった時，舞台下の客席の子どもたちから「すごい！」というため息交じりの歓声があがったのを，子どもたちも私たち大人も聞き逃さなかった．校内音楽会だけでなく，県民会館という大舞台での発表につなげることができて本当に良かったなと感じた瞬間だった．

　発表会後，「龍神太鼓」に参加してくれた6年生から感想をもらった．以下，その中から一つだけ紹介したい．

　「ぼくは，龍神太鼓を通して，チームワークの大切さと，太鼓の魅力を知りました．太鼓をみんなで合わせる，全員大きな声でかけ声を出す，場所移動など心を一つにみんなで合わせることがたくさんありました．それをかっこよく見せるには，『チームワーク』がなければ成功しないと思います．たけのこの皆さんと6年生のチームワークで成功したと思います．

　あと，太鼓がかっこいいと思いました．ユウくんをはじめ，みんなとてもかっこよかったです．なかよし発表会の発表後には，客席から『すげ〜．』という声もあがりました．だから，太鼓はとてもかっこいいなと思いました．練習や本番，とても楽しかったです」．

　タケルくんのお母さんからも感想をもらった．

「先生方のがんばりもすごく伝わり，子どもたちも真剣に，そして楽しそうで，心があたたまりました．短時間の鑑賞でしたが，楽しかったです．ありがとうございました」．

　文章を書くことが苦手なタケルくんは，感想こそ書いてはくれなかったが，後日卒業文集に，小学校生活で一番楽しかったこととして，「龍神太鼓をしたこと」と書いてくれていた．彼の中にも，「たけのこの仲間と発表した龍神太鼓」は，しっかりと心に刻まれていたのだと確認でき，本当にやって良かったと安心することができた．

3　卒業式の日に

　卒業式の日，会場の体育館に通じる廊下の各教室の壁には，卒業を祝うメッセージが飾られていた．たけのこ１組，２組の壁を飾っていたのは，もちろん，校内音楽会となかよし発表会の「龍神太鼓」を発表した時の写真と，あの２体の手作りの龍．そして，たけのこの子どもたちの「やさしくしてくれて，ありがとう」のメッセージ．「龍神太鼓」のパフォーマンス以来，すっかり仲良くなり，その後の交流も続いていた６年生のお兄さん，お姉さんに向けて，精いっぱいの感謝の気持ちをこめて，子どもたちが送ったメッセージである．

　そして，そこに通りかかった来賓で来ておられた地域の方が，その写真と龍を見て，「これは，ほんとにすごかった」と思わず漏らされた時は，本当にうれしかったことを覚えている．

おわりに

　取り組み全体を通じて感じたことは，なんといっても，質の高い教材は，子どもたちを，そして，それを見つめるまわりの人たちを動かすということである．正直いって，私がはじめに考えていたことは，たけのこの子どもたちのことだけだった．たけのこの子どもたちが喜んで取り組める，たけのこの子どもたちが輝けるものにしたい，との思いで出発した取り組みだった

が，結果として，応援してくれた5，6年生の子どもたちも輝かすものとなった．それらの輝きが，見ていた子どもたちや，校長をはじめ他の教職員，地域の人を含めまわりの大人たちをも動かしたのである．そして何より，取り組んでいた私自身，とても楽しかった．

　発表を見た他学年の子どもたちから寄せられた感想の中には，ぼくたちもやりたいという声がたくさんあがっていたが，この交流学級・学年からの応援を受けての発表という形は，その次の年も，そして，私が異動したあとも続いている．

　私の教職員生活も残すところあとわずかとなったが，いくら年を重ねても，経験を積んでも，楽にはならないのがこの「教育」という仕事なのだな，とあらためて感じる今日この頃である．しかし，実践に悩み，苦しみ，自分の力不足を実感し，落ち込むたびに，私を支え，救ってくれたのは，今まで出会ってきた子どもたちの笑顔や，保護者からの拙い私を励ますかのような信頼を寄せる言葉であり，仲間の支えであり，そして何より，「学び」であった．残された時間，最後まで，子どもたちや保護者，全国の仲間たちに学びつつ，一日一日を積み上げながら，子どもたちに誠実に向きあっていけたらと思っている．

葛藤に寄り添い，本当の願いに応える
実践が学校・地域を変える

北 川 祐 子

◆与倉実践が提起するもの

　与倉さんとは全障研大会の「交流・共同教育」分科会で毎年語りあってき
ました．与倉さんはタケルくんの悩みを語り，タケルくんにやりがいのある
充実感を感じられる教材はないだろうかと，教材を探していました．私は，
交流・共同教育を進めていくには何に取り組むかが重要だと思う，子どもた
ちに新しい世界を開いていく価値ある文化に出会わせ教材にしていく，やっ
てあげるのではなく自分も一緒にやりたいと思う教材を通して交流・共同教
育を進めていきたいと話し，交流学級の応援を得て取り組んだ龍神太鼓の話
をしました．

　その翌年，「龍神太鼓を教えてほしい」と与倉さんは埼玉までやってきま
した．すぐに太鼓の好きな麦の会（全障研埼玉支部のサークル）のメンバー
に集まってもらい講習会をやりました．何としてもタケルくんにこの教材に
出会わせたいという与倉さんの熱意が伝わってきました．実技の後は，太鼓
に取り組む特別支援学校の子どもたちの話を聞き，交流しました．

　数年後，与倉さんの実践を聞いて驚きました．タケルくんや交流学級の子
どもたちが生き生きと取り組んだであろうことは予想できましたが，それを
越え，学校や地域の人たちの心を動かし，たけのこ学級を支えるだけではな
く，一緒に楽しんで創り上げていました．学校を変え，地域を変えていった
壮大な実践です．交流・共同教育を進めていく上で，合意を形成し手だてを

取り準備をすすめていった手法の見事さでした．さらに，タケルくんの葛藤に寄り添い，自らの決断を引き出していった，子どもをとらえる目と実践のたしかさは与倉実践の核です．

インクルーシブ教育とは「場を共有することだ」とする動向に一石を投じる実践です．

◆ 龍神太鼓の魅力とは

龍神太鼓は，幅の広い教材です．障害や発達がさまざまでもそれぞれの打ち方に光るものがあり，子どもの内からあふれでるものがあります．一人ひとりが主人公になり，それを互いに支える集団の中でみんなが夢中になって取り組める教材です．

太鼓は古くから世界中で合図や意思を表現する道具として使われてきました．御陣乗太鼓のように戦わずして敵を追い払う太鼓があり，収穫の喜びを表現する太鼓があります．打つのは手でもバチでもよく，刻むリズムもさまざまで，伸び伸びと自由に表現できます．何人でも，どのようにも取り組め，打てば打つほどもっと打ちたいという楽しさや奥深さがあります．太鼓は音符がなく口伝で伝え，周りの人が口ずさんでくれるので，安心して仲間と支えあって創り上げられるのです．演奏者や仲間のようにかっこよく打ちたいと憧れをもち，響きあい，高めていくことができます．

龍神太鼓は，龍神を呼ぶ雨ごいの太鼓です．一人ひとりを生かすソロパートの前半．龍が登場した後半は，「すっとん　すっとん　どどん　どんどん」と3人で1チームとなり「ソーレ」と声を掛け合いながら次の人に替わり，順番に1台の太鼓を打ちます．最後は太鼓を3人で囲んで息を合わせて，「さんとこ　どっこい」「さんとこ　どっこい」と一緒に打ち，だんだんテンポアップし，終盤を盛り上げ，「やあ」で終わります．龍神太鼓には，体の中から湧き出てくる喜びや協力しあう快さがあり，打つ者，見る者の感情を揺り動かす魅力ある教材なのです．そうした教材を提示したからこそ，子どもたちの意欲をかきたて，主体的な活動を引き出す役割を果たしたのです．

◆葛藤に寄り添い，内面の育ちに働きかける

　タケルくんはたけのこ２組と交流学級の中で育ってきました．たけのこ学級を基礎集団として障害と発達に必要な教育を受けてきました．基礎集団とは，子どもたちのもっている発達の可能性を最大限に実現しつつ，生きる力の基礎をしっかりと育てていく学級集団のことです．３年生の時から担任してきた与倉さんは，高学年になったタケルくんの拒否的な言動の中に真の発達要求や願いをつかんでいました．幼稚という言葉と自信のなさの裏に，「やりがいのある活動を仲間と共に思いっきり楽しみたい」というタケルくんの発達要求があるととらえました．それには，豊かな内容をもった教材，活動，子どもたちが手と手をつなぎ，心と心を結び合わせるような共感関係を豊かに育てていく新しい集団が必要だと考えました．交流・共同教育を通してタケルくんの願いに応えよう，校内音楽会のたけのこ学級独自の発表「龍神太鼓」に交流学級の応援を募り，一緒に創り上げていこうと考えました．

　ところが，タケルくんは即座に「やらない」と言います．タケルくんのいら立ちにも近いつらさをわかっていた与倉さんは，説得や強制をせず，タケルくんが自ら決断するまで待ちました．ただ待つのではありません．タケルくんの心が動くであろうと思われる場面をつくっていったのです．ここは，この実践の要となるところです．タケルくんが幼稚と思っているたけのこ学級の発表でしたが，子どもたちが龍神太鼓に取り組む様子を見せます．今までと違うぞと少し心が動きます．交流学級の応援を募った時，タケルくんは「めいわくだよ」「だれもいない」と言っていました．たくさんの名前が書かれた募集用紙を前に，与倉さんはそのことの意味をタケルくんと一緒に考えます．タケルくんは「ぼくがいるから」たけのこ学級を応援する仲間がいるという事実に気がついていきます．そして，自分で決めて龍神太鼓に取り組んでいくのです．子どもの葛藤に寄り添い，向き合い，自ら決めていく自信を引き出す，内面の育ちに働きかける見事な実践です．

◆交流・共同教育を進めていく上で大切にしたいこと

与倉さんの実践は，校内音楽会をたけのこ学級独自の取り組みへ転換したことから始まりました．障害のある子とない子が場を共有することがインクルーシブ教育であるかのように言われています．しかしそれでは，内容が難しすぎたり形だけの参加になったりして平等な教育内容の保障とはなりません．

　与倉さんは，たけのこ学級の子どもたちの力が発揮された生き生きとした活動を保障したい，その姿を全校の子どもたちや保護者，教職員に見てもらうことでたけのこ学級への理解を深めたい，そのためには学級独自の取り組みが重要であると考えました．障害児集団の中で蓄えたたしかな力が外に向かっていく時，交流の中でも豊かな活動が生まれるのです．交流・共同教育の本道をいく実践です．

　このような変更を，与倉さんは，まずたけのこ1組の担任の合意を得ることから始めました．次に学校の教職員の合意，保護者の合意へと，順番に合意を形成していきます．学級の応援を募る時も，本人の意思を大切にしたいと，取り組みについて綿密に話し合っています．指導者間の十分な話し合いと合意をつくること，事前の取り組みをていねいに計画することは大切です．さらに，太鼓の指導，シーツ集め，龍づくりと具体的な活動を示して地域の協力を募っていったことが重要です．それが，なかよし発表会では龍の踊りに参加して一緒にたけのこ学級の応援をするという感動的な取り組みに発展しました．特別支援教育に消極的だった地域を変えていったのです．

　すべての障害者の人権が保障され，人間としての尊厳が大切にされるような民主的な地域社会を実現していく取り組みでした．

第4章

子どもと向きあう教師たち

子どもは「伝えたいこと」を もっている！

子どもから学び同僚と悩みながら進めた1年間の実践

塚　田　直　也

1　「保護者の言う通りにしてください」

　ある年，私は特別支援学校の自閉症学級の担任をした．4月，校長室に呼ばれ，「保護者が教育に対し熱心です．保護者の言う通りにし，苦情を出さないように！」と「助言」を受けてのスタートだった．

　始業式の翌日，保護者が見学に来た．私がどういった指導をするのかを見に来たようだ．どの保護者も「文字や数字の学習」，「生活動作のスキルの向上」を強く求めていた．教室環境の様子や課題学習の内容も気にしていた．

　幸い，その日は，納得して帰って行った．ホッとしたものの子どもの姿から指導を考えるのではなく，保護者の要望を基に教育をするという「流れ」を少しずつ変えていかねばらないと感じた．難しい状況もあるが，子どもの姿から指導を考えること，日々，子どもに思いや考えを尋ねていくことを指導の柱にしていこうと思った．

2　子どもたちの姿

◆ 「笑顔が素敵な」純平

　純平は，「さんぽ」，「チューリップ」などの歌が大好きだ．私が歌いかけ

ると，声を出して笑いながら，体を動かす．歌が終わると，私の手を引き，「あるこう♪」とつぶやく．「もっと歌ってほしい」という思いを，単語ではあるが，言葉で表現できる．こうしたやりとりをしている時の純平は，とっても素敵な笑顔を見せてくれた．

　一方で，着替え，荷物整理，歯みがきなど，日常生活場面では，常に言葉かけや手添えで行動を促さないと，その場に立ったまま動かない．

　私は，純平が自ら要求を出してくる歌やくすぐり遊びを，指導として位置づけ，「もっと〜したい」，「もう一回○○しよう」など，自分なりに次の活動を期待したり，予想したりする力を伸ばす必要があることを感じた．

　でも，母親が納得してくれるだろうか．そんな不安も頭をよぎった．

◆ 「律儀に行動する」翔太

　翔太は，荷物整理，係活動など，一度手順を覚えたことは，律儀に，正確に行うことができる．明瞭な話し言葉はないが，名前を呼ばれると「はい」と返事をしたり，私の口形を見て「おはよう」など，まねをしたりする姿も見られる．

　幼児期からある療育機関で「学習」してきた彼は，自分が行動をする前に，必ず大人の顔をのぞき込んで「確認」や「報告」をする．一方で，自ら「〜したい」，「もっとやりたい」などと思って行動することはあまりない．

　しかし，律儀な翔太も思春期に差しかかっている．学校でも家でも，大人に指図されることを嫌がり，今まで「できたこと」をやらなくなったり，母親に手を上げたりするようになってきている．母親も悩み始めているようだった．

◆ 「悪いことをする」正平

　正平は，朝の体育（小学部高学年合同で実施．約60名の集団）や学年全体（約30名）での生活単元学習など，集団の活動になると，私の腕にしがみついてくる．手のひらは，汗でびっしょりである．前の年度，担任していた小島先生は，「臆病者です．集団活動になると，教師からなかなか離れら

れません」と教えてくれた．

　一方で，友だちをたたいたり蹴ったりして，「えへへへ」と笑ったり，私の顔を見ながら，教室に置いてあるパーテーションを倒したり，給食をひっくり返したりする行動も見られる．

　臆病な姿，人を挑発するような姿，一見すると真逆の行動の背景にはどのような思いがあるのだろうか．かかわり方が難しい子で，指導をどう進めていけばいいのか悩みそうだった．

◆ 「よくできる子」の隼人

　隼人は，話し言葉でやりたいこと，欲しい物などを表現できる．「きょうざいしつ，いこう」（隼人は，教材室を探索することが好き），「そとであそんでいい？」など，やや一方的ではあるが，はっきりとした話し言葉で伝えてくる．

　また，荷物整理，着替え，歯みがき等，日常生活動作は自立しており，職員室に配付物を取りに行ったり，保健室に「健康カード」を届けたりするなど，係活動もできる．前年度は，「学校のルール（廊下は歩くなど）を守る」，「字を読むこと，書くこと」が中心的な課題だったようだ．

　たしかに，隼人は一見すると「よくできる子」である．そのため，指導課題としては，身だしなみ，決まりの理解など，行動面から考えられてきたのだろう．私が気になったのは，「彼の思いや考えといった感情面は，どのように受けとめられていたのか」ということである．

　しかし，休み時間が短く，時間通り授業を進めることを求められる現在の教育現場では，隼人のような「できる子」は，「動けて当たり前」，「ルールを守って当たり前」とされがちになる．

3　隼人には言いたい思いがある

　4月中旬，「悪いことをする」正平が「よくできる子」の隼人の近くで荷物整理をしようと近づいた時，突然，隼人が正平のほほをつねるという「事

件」が起こった。いきなり隼人につねられた正平はびっくりし、私にしがみつき、「はやとくん、たたいたね」とか細い声で言う。私は隼人の思いが知りたくて、「どうしてつねったの？」と尋ねる。しばらく無言だったが、しばらくすると「しょうへい、うるさい」とつぶやいた。私には、そのひと言で隼人の思いがわかった気がした。じつは、正平は、ここ1週間、不安や緊張で大声を出すことがあった。隼人は、その声をずっと「うるさい」と思っており、いつか正平に「仕返し」をしてやろうと思っていたのだろう。「なるほどね。正平の声が嫌だったのか。でもさ、つねるのはどうかな？」と問いかけると、私と正平の顔をにらみ、「きゃー！」と正平に大声を浴びせた後、小さな声で「ごめん」と謝った。その言葉を聞いた正平は、うつむきかげんで隼人を見ていた。

その日、正平は、声を出す時、隼人に背を向けていた。正平なりに隼人の思いを感じ取ったのだろうと思った。

隼人、正平のかかわりから、やはり子どもには思いや考えがあり、それは友だちや教師とのかかわりの中で、常に動いていることを改めて感じた。

このことを放課後、職員室で森下先生に話す。すると、「そんなことがあったのですか。そうやって子どもの思いを考えることも必要ですね」と言ってくれる。忙しい毎日だが、子どもの姿を同僚と語りあうことが大切だと感じる。

4 正平に甘えてほしい

正平は、集団の授業場面で、手のひらに汗をびっしょりかきながら、私の腕にしがみつくなど、不安を抱えながら生活をしている。また、不安な気持ちが「爆発」すると、人をたたく、大声で叫ぶなどの行動をする。

こうした正平の行動をどう受けとめていけばいいのか、学年の同僚とよく話をする。私の学年の同僚は、どの人も相手の話をよく聴き、それに対して自分の思いを率直に伝えてくれる。この話し合いの中で、正平が「悪いこと」を繰り返すのは、「自分のことをわかってほしい」という願いがあるの

ではないか，という話になった．正平は，家庭で運筆練習や筋力トレーニングなどに毎日のように取り組んでいる．正平も翔太同様，ある療育機関に通っており，その影響もあって保護者も懸命に接しているようだった．

　だからこそ，私たちは，人に甘えることの心地よさを正平に感じてほしかった．人に甘えることの心地よさを感じることで，保護者との関係も変化するかもしれないと思っていた．

　4月から，私は，正平の思いを知りたい，彼が私を信じられるようになってほしいという一心で，「問題」と思えるような行動をした時，その行動を止めながら，行動をした理由を尋ねたり，彼の思いを（私が想像して）語りかけたりしていた．でも，つい叱ったり，受けとめきれずに呆然と立ちすくんでしまったりすることもたびたびあった．そんな中，5月上旬に，初めて「おんぶして」と正平が私に要求してきた．

　ただし，正平にとっては，人に「甘える」ことは，本当に難しいことである．私に初めて身をゆだねた日，帰り際に，「かえりたくない．パニックになる！」と叫び，教室を飛び出し，追いかける私に「バイバイ！」と怒鳴るということもあった．正平との関係は，「一歩進んでは，二歩下がる」という感じ．同僚と悩みながら指導を進めるしかなかった．

5　「おしっこ」という言葉に潜む思い

　私が連絡帳を書いていると，「笑顔が素敵な」純平が，「どいてください」と言う．「違う場所に行ってほしいのかな」と思い，その場を離れるが，どうも違うらしい．再度，「どいてください」と言う．「どういうこと？」と尋ね，連絡帳を書くのを止めると，彼は，連絡帳に手を伸ばす．「もしかして，連絡帳を書くのを止めて，ということかな」と思い，連絡帳を机の下に置く．すると，「いっぽんばし！」と言って手を差し出した．連絡帳を書くのを止めて，一本橋をして遊ぼう，と誘いかけていたようだ．

　純平の話し言葉には，このように表面的な言葉の意味だけではなく，前後の状況，これまでのかかわりなどから，想像しなければわからないものがあ

る．「おしっこ」という言葉もその一つである．純平の「おしっこ」という言葉には，いくつもの意味があることがだんだんわかってきた．「おしっこをしたい」，「うんちをしたい」という意味のほかに，「教室の外に出たい＝（さらに細かく，純平の思いを想像すると）スロープで遊びたい，ベランダで遊びたい，ブランコをしたい」といった思いを行動から想像できる．

　純平の思いを想像しながら，「ベランダに行きたい，だね」，「ブランコしたい，でしょ」などと，言葉をかけてきたこともあってか，「ベランダ」，「ブランコ」は，徐々に言葉で伝えるようになっていた．純平の思いを想像することは難しいけれど，つきあいながら探っていき，彼の言葉を増やしていきたいと思った．

6　20センチの間隔に込められた翔太の思い

　「律儀に行動する」翔太は，雑巾がけの係活動を行っていた．5月下旬のこと．雑巾がけを終えた翔太が，雑巾をベランダに干し，教室に戻る．その時，私と純平が，雑巾を干すハンガー付近で中庭を眺めていた．私たちも教室に戻ろうとすると，窓が開かない．私は，「どうして？」と一瞬焦る．私と純平は，ベランダに取り残されてしまった．どうやら，翔太が，雑巾を干し終え教室に戻る際，窓の鍵を律儀に閉めてしまったようだ．翔太は，たしかに私たちの姿を見ていたが，いつものように窓の鍵を閉めてしまったのだ．20分くらいした後，学年主任の荒木先生が，閉じ込められてしまったことに気づいてくれ，私と純平は，無事に教室に戻ることができた．「翔太！　純平と塚田先生が，ベランダにいたでしょ！」と叱ったが，知らん顔だった．

　月日は流れ，7月のこと．まさに同じような状況があった．この日は，私がベランダで正平の服を干していたところに，翔太がやって来て，雑巾を干す．さっさと雑巾を干し終えた翔太は，教室に戻って行く．「あ，やばい．鍵を閉められてしまう」と思い，あわてて振り向くと，翔太も振り向いて私の姿を確認していた．そして，ちょっとだけ窓を閉め，20センチほど間隔

を開けたまま，教室に入って行った．そうした姿から，「閉めねばならぬ」
という律儀な思いと，「塚田がいる」という人への意識がぶつかりあい，考
えた末，20センチ程度の間隔を開けるという行動に至ったのではないか，
と感じた．

　試しに翌日は，ベランダに誰もいない状況をつくってみた．すると，翔太
は，窓の鍵を閉めて教室に入ってきた．そして，次の日は，私と正平がベラ
ンダにいる状況をつくってみた．やはり，後ろを振り返り，私たちの姿を見
て，ちょっとだけ窓を閉め，20センチくらいの間隔を開けたまま教室に入
る．あの日の姿は偶然ではなかったと確信した．翔太が，状況を見て，自分
なりに考えて行動する力を少しずつつけてきたことを感じた．覚えたことに
対する律儀さだけでなく，状況に応じて自分なりに考える力が少しずつつい
てきたことを感じた．

7　森下先生との話し合いから学ぶこと

　夏休みに入る頃，森下先生と純平の「手の動き」について話をした．純平
は，ことあるごとに，左手の指先で，右手の親指をつまみ，右手の手のひら
を細かく前後に動かし，その手の動きをじっと見つめて，「うー」と声を出
したり，「きゃきゃきゃ！」と笑ったりしている．

　　森下先生：純平の手の動きは，自閉症児の「ジョウセイ…」何とか，って
　　　　　　　いうやつなんですか？

　　私：「常同行動」ね．たしかに，そう表現してしまえば，そうかも．でも，
　　　　何か，純平なりに思いがありそうだよね．

　　森下先生：そうですよね．純平は，何を考えているのだろう．

　　私：純平って，外に行く時とか，給食が載ったおぼんを持って移動する時
　　　　とかは，手を動かしていないなぁ．

　　森下先生：たしかに！　外に行く時なんか，すごく笑顔で，自分から靴を
　　　　　　　履き替えて，ブランコに乗りますよね．

　こうした生活の中での純平の姿を出しあう中で，森下先生が，「そっか!!

純平は，自分が楽しい，うれしいって思う時は，手を動かさないのかもしれませんね．手を動かしている時は，暇ってことかも」と言った．

子どもの小さな行動の意味を語りあうことで，次の実践への手がかりが見つかったり，子どもの思いが見えてきたりすることを学んだ．

8 「びー！ びー！」と遊びに誘う純平

2学期に入ったある日の昼休み．純平は，「ベランダ」と言い，自らベランダに出る．この行動は，1学期にも見られていたが，ベランダを行ったり来たりするばかりだった．ただ，私が体をくすぐり，「まてー！」と言いながら追いかけると，笑いながら逃げることはあったが．

この日は，ベランダの外から教室をのぞき，「びー！ びー！」という発声で繰り返し，私に何かを要求した．私と目が合うと，「きゃきゃ！」と笑い，一目散に逃げる．純平は，「ねえ，追いかけてよ」という思いを，離れた場所にいる私に表現するようになった．

また，着替えをしながら「びー！ びー！」と私を呼ぶ．私がのぞくと，「きゃきゃ！」と笑い，あわてて洋服を被り，顔を隠す．私がその場を離れると，再び呼び，また顔を隠す．こんなやりとりを心から楽しんでいるように見えた．

純平が，人とのかかわりを積極的に，何度も求めるようになってきたことがうれしい．

9 正平の心の動き

ある授業で，友だちと順番に1個ずつ積み木を積んでいくという「積み木積みゲーム」をした．友だちが積んだ積み木の「塔」の上に，正平がゆっくりと積み木を積もうとする．手には汗をびっしょりとかいている．もう少しで積み木を積める，と思った瞬間，正平は，「きゃー！」と大声を出し，「塔」を両手で押し倒す．

正平は，ニヤニヤと笑う．一方で，友だちはじっと正平を見つめている．特に，翔太はにらむように見つめ，声を出しながら，自分の腿をたたいている．正平の行動に対して怒っているのだろう．

　私は，どうかかわろうかと悩み，しばらく教室内が静かになる（翔太の声だけが響いている）．すると，ニヤニヤしていた正平が，自分を見つめる友だちを見て，真顔になる．そして，ひと言「こわしたくなかった…」とつぶやく．正平は，友だちの「抗議」（「なんで壊すのだよ！」）を感じ取ったのかもしれない．私は，「そうか．壊したくなかったか」と話しかけ，「じゃあ，どうする？」と問いかけた．すると，「なおしたい」と言い，自分が倒した積み木を拾い，再度，慎重に積み木を積み終えると，申し訳なさそうな表情で席に戻る．

　私は，「正平は，ドキドキして，つい倒してしまったみたい．でも，直してくれた．もう1回，みんなで続きをしよう」と伝えた．2回目は，慎重に積み木を積む．積み終わると，ホッとした表情をし，友だちや私を見て微笑む．怒っていた翔太は，正平が積み木を倒さなかったことにホッとしたのか，体を前後に動かして笑っている．

　「こわしたくなかった」という言葉は，正平の本心だろう．彼の心はたしかにあり，動いている．

10　歌を歌う翔太から学ぶこと

　2学期の後半に音楽会が行われた．私たちの学年は，「ドレミの歌」の合唱を行った．

　翔太は，音楽の授業では，体を前後に動かしたり，ジャンプをしたり，「ひぃ！」，「ふぅ！」などと，ところどころで発声したりする．また，朝の会でも毎日歌を歌うのであるが，その時も体を動かしたり，私の弾くギターを触ったりする姿が見られていた．こうした日々の姿から，私は，翔太が歌を聴いたり，歌に合わせて体を動かしたりすることが好きだとは感じていたが，「歌う」ことは難しいと思っていた．

ところが，音楽会に向けた舞台練習でのこと．1回目の練習が終わると，興奮した様子で荒木先生が私のところに走ってきた．「翔太くん，歌を歌っていますよ！」と言うではないか．私は，びっくりし，「えぇ！　翔太が歌を歌ったのですか？」と叫んでしまった．2回目の練習で，荒木先生が翔太の口元にマイクを近づけると，たしかに「ど，わ，ど，な，つ，ど」と声が聞こえる．私は，無意識のうちに，翔太の力を見限ってしまっていたことを猛烈に反省した．翔太は，立派な歌声をもっている．翔太だけではなく，「歌えない」ように見える子も，じつは，歌っているのかもしれない．

11　ランニングチャンピオンになった正平の変化

　3学期，校庭で持久走記録会を行う．正平は，毎朝，体育館で行っているランニングでは，私の腕にしがみついてゆっくりと走っている．正平には視野狭窄があり，視野が狭いこともあり，周囲を走る友だちが突然現れるように感じるのだろう．

　校庭は，体育館に比べ広く，友だちと接触する危険がない．そのため，正平は安心して走ることができるようで，私と並走しながらハイペースで走る．もともと持久力がある彼は，広い校庭で自分の実力を十二分に発揮し，学年の中で最も周回数を重ね，ランニングチャンピオンになった．

　友だちの前で「優勝」の賞状を受け取ると，満足そうな，少し恥ずかしそうな表情を浮かべる．そのことが自信になったのか，その後，体育館で行う朝のランニングでは，私の腕から自ら離れ，真剣な表情で横を並走するようになった．

　大きな声を出したり，水筒をこぼしたりするなど，わざと悪いことをして懸命に私たちの気を引こうとすることもあるが，真剣な表情で走ったり，「おいかけっこしたい」，「おかわりがたべたいよ！」などと，素直に自分の思いを伝えたりするようになった．正平は確実に成長している．

12　子ども同士でかかわりあう微笑ましい姿

　3学期に入ると，少しずつ子ども同士でかかわりあう姿が見られるように
なってきた.

　「びー！　びー！」と叫ぶ純平を，隼人が「びぃ！」と言いながら追いか
ける. 純平は，「きゃきゃ！」と声を出して逃げていく. 純平が隼人から追
いかけられていることを意識し，逃げている. 隼人は，純平が笑ったことが
うれしかったのか，声を出して笑いながら追いかけていた.

　そこに，正平が走ってくる.「一緒に追いかけっこするか？」と尋ねると，
「おいかけっこしたい」とつぶやき，ニヤリと笑う. 私と一緒に純平，隼人
の背中を追いかける. 私がくすぐると，恥ずかしそうに下を向くが，表情は
柔らかく，うれしそうだ. 3人が同じ場で，何となくお互いを意識しながら
遊ぶ姿が微笑ましい.

　またある日，大きなボールに正平と私が乗って遊んでいる様子を，翔太が
興味深そうに見ている.「一緒にやりたいな」と言っているようだった.「一
緒に乗る？」と尋ねると走って来て，乗る. 3人で「お馬はみんな♪」と歌
いながら上下に揺れて遊んだ. 正平，翔太は互いの顔をチラチラ見ながら笑
っていた.

13　学校に対する要求は孤独と不安の表れ

　この1年，私たちは，母親の話をとことん聴くことを心がけてきた. 同僚
と協力し，子どもの指導をしながらも，母親たちの言葉に耳を傾け，さまざ
まなことを教えてもらった.

　純平の母親は，2学期の参観日の翌日，連絡帳に，「参観日で私のことを
気にするなんて初めてでした. ちゃんと授業しなさい！　と思うけど，うれ
しいです」と書いてきた.

　「びー，びー！」と声を出して追いかけっこを誘うようになった頃から，

家でも母親の背中に抱きついたり，逆に母親の言葉に反抗したりするようになったようだ．3学期に入ると，「今までは，純平のことが手に取るようにわかったのに，今はわかりません．でも，これが成長なのですね」，などと言うようになる．

さらに，3学期には，連絡帳に「バスから降りると，『せんべい』，『みかん』と言います．『蒸しパンだよ』と伝えると『蒸しぱ～ん♪』と言い，二人で，『蒸しぱ～ん』と言いながら帰りました」と書かれており，母親が純平とのやりとりを心底楽しんでいる様子が伝わってきた．

「要求」が多いとされていた母親たちであるが，じつは，さまざまな不安，孤独感，焦りなど，自分でも言葉にできないような複雑な感情があるのだと感じた．そうした気持ちから逃れるために，学校に対して要求が多くなっていたのではないか．

14 子どもは，「伝えたいこと」をもっている

1年間，本当に悩みながら実践を進めてきた．一人ひとりの行動にどのような意味があるのか，その子が何を思い，考えているのか，また，何を願っているのかを考えながらかかわってきた．

実践を振り返ると，子どもたちは，「伝えたいこと」，つまり思いや考えをしっかりともっており，それを自分なりにできる精一杯の方法で私に伝えてくれるようになったことを感じる．

私は，子どもたちとのやりとりを通して，子どもの思いや考えを想像すること，「伝えたいこと」を見取ることの大切さを教えてもらった．そして何よりも，子どもは，「伝えたいこと」をもっているという事実を学ばせてもらった．

個人と集団の発達を引き出す実践

荒 川　　智

　前任校の，おそらく相当な困難な条件の下にあったにもかかわらず，比較的若手であった塚田さんは，同僚教員と関係を大事にしながら，授業づくり，学校づくりを進めていける精力的な実践者である．「親に逆らわないように」という管理職からの「指導」（これ自体が呆れてしまうのだが）や，当初の保護者の視線のプレッシャーにもかかわらず，それに萎縮して不本意な教育内容や方法に甘んずることなく，かといって感情的に反発・無視して関係をこじらせることなく，ていねいに実践を積み上げている様子が，この実践報告からわかる．

◆子どもの成長とそれを支える姿勢

　まずは，登場する4人の子どもの1年間の成長を確認しよう．

　「笑顔が素敵な」純平は，散歩や歌が好きだが，日常生活では指示待ちが多く，「次の活動を期待したり，予想する力を伸ばす必要が」あったが，2学期になると，教師とのやりとりや友だちとのかかわりを積極的に求めるようになった．

　「律儀に行動する」翔太は，通っている療育機関の影響もあってか，行動する前に大人の顔色を窺っていた．5月にはベランダに人がいようと「律儀に」に鍵を閉めてしまったが，7月には状況に応じて判断し行動できるようになった．歌は好きだが歌えないと思われていたが，2学期の後半には歌う

ようになり，塚田さん自身も「無意識のうちに，翔太の力を見限って」いたと反省する．歌う力は徐々に蓄積されていたのだろうが，突然歌うようになったのか，教員の見ていないところですでに歌っていたのだろうか．何かきっかけがあったように思えるのだが．

「悪いことをする」正平．集団の中ではいつも塚田さんの腕にしがみつく臆病な彼だが，一方で人を挑発する行動をとる．トラブルを起こしながらも友だちとの関係を徐々に築き，3学期にはランニングチャンピオンになったのをきっかけに，しがみついていた塚田さんの腕から離れていけるようになった．

「よくできる子」の隼人．そのため行動面での指導課題ばかり考えられてきたが，突然「うるさい」正平の頬をつねることが．一見問題行動だが，思いをしっかりと表現できたともいえる．「隼人には言いたい思いがあるのだ」と塚田さんは再認識する．

そのことに象徴されるように，子どもたちの成長を引き出した塚田実践の土台にあるのは，子どもの思いに徹底して寄り添い，探ろうとする姿勢，これまで隼人の「思いや考えといった感情面は，どのように受けとめられていたのか」という洞察である．

純平が教師や親とのやりとりを楽しみ，人と積極的にかかわれるようになったのは，言葉の力を獲得していくことと無関係ではないだろう．当初彼は，語彙が少なく「おしっこ」など一つの言葉にさまざまな意味を込めて使っていたが，次第に本来の言葉で言い表せるようになる．それは塚田さんが，そのつど，純平が本当に言いたいことを想像しながら，「〜したいんだね」と，彼の思いを反映した言葉がけをするようにしていたからであろう．そして，自分の思いを正しく伝える力が備わっていくことで，他者との関係づくりが進んでいったのだと考えられる．

正平にはもっと「甘えてほしい」「人に甘えることの心地よさを」感じてほしいと塚田さんは考えた．これは，同僚との話し合いの中で，自分のことをわかってほしいという願いがあるのではというコンセンサスによるものである．やはり療育機関に通う彼は，家でも厳しく育てられているようだが，

5月におんぶを要求したことを塚田さんは喜ぶ．ただ，問題行動を起こさず表面的な良い子になっていくのではなく，真の成長を引き出したいという思いがそこにはある．ただ，「甘える」ことが，その時の正平の中心的課題だと塚田さんは考えていたのか．もっと別にあったのか，気になるところであるが．

　塚田さん自身の思いが表現しきれていないのではないかと思う記述もある．たとえば当初の翔太について，「自ら『〜したい』『もっとやりたい』などと思って行動することはあまりない」と記されている．見た目はそうかもしれないが，本当は塚田さんもそうは考えていなかったのではないか．実際には「〜したい」という思いは秘められていたのではないか．5月のベランダ締め出し事件の時も，叱っても「知らん顔」だったと述べられているが，じつは彼の内面では，何か悱悱たる思いや葛藤が錯綜していたのではないか．だからこそ2ヵ月後の同じような場面において，20センチの隙間を開けておくという状況に応じて考える行動ができるようになったのであろう．

◆友だち関係の育ち，集団の発達

　塚田さんは主に個々の子どもに沿ってその成長を綴っているが，同時に子ども同士の集団としての発達も読み取れる．

　他者にかまわず大声を出していた正平は，隼人に頬をつねられた．正平もさぞ驚いただろうが，つねった隼人も自分の行動に驚き，大声で「きゃー」，小声で「ごめん」．その後正平は隼人の後ろ向きで声を出すようになる．正平なりに隼人の思いを感じられるようになる．

　またも正平が積み木を崩し，ニヤニヤしていると，翔太ににらまれる．塚田さんの声かけで，正平は「こわしたくなかった」「なおしたい」という本当の自分の思いに気づく．ちゃんと積み直しができると，怒っていた翔太はほっとして笑う．3学期には，そのトラブルメーカーの正平も含め，子どもたちが楽しく遊びあうようになる．

　一緒に遊んだり，あるいは逆に邪魔されたりしながら，さまざまなやりとりが芽生えていく．無視したり無関心で済ますのではなく，反発しつつもそ

れをくぐり抜けて子ども同士の共感の関係が育っていく．読み込み過ぎかもしないが，そこにコミュニケーション的発達の一つの姿をとらえることはできないだろうか．全障研の研究運動の課題のひとつである集団の系の発達の探求にもつながると期待したい．

　子ども集団だけではない．子どもたちの成長を引き出したのは，塚田さんだけでなく，子どもたちと塚田さんの思いを共有できる教師集団の同僚性でもある．同僚と子どもについて語りあう．現場実践の土台となる当たり前のことが，多忙化や管理強化の中で困難になってきているといわれる．純平の「常同行動」など，些細な行動の意味を語りあう中で，「次の実践への手がかり」や「子どもの思い」が見えてくることを学んだとある．どのような手がかりになったのか，知りたかったが，いずれにせよ大事にしたいことである．

　最後に，純平の母親の変化が述べられているが，そこにも塚田実践が優れていることを如実に示している．よく，保護者の高学歴化や療育機関の利用によって，ニーズが多様化し私事化してきて，学校との軋轢が強まっているといわれる．しかし塚田さんは，要求が多いとされる母親も「じつは，さまざまな不安，孤独感，焦り」を抱いているととらえ（共感し），「母親の話をとことん聴くことを心がけてきた」．こうした姿勢はベテラン教員でもなかなか容易ではないだろう．そこまでに至る変化の過程や，その中での塚田さんのかかわり方は，保護者との関係に悩む多くの教員にとって，示唆に富むはずである．

　子どもと教師，子ども同士，教師同士，親と教師，そしてそれぞれの関係を結びつける学校全体のコミュニケーション的関係の高まり．そこに教育実践の集団としての発達を見出していくことが，私たちの大切な課題である．

町のありようを障害のある人と
共に考える

村　上　　徹

はじめに

　北海道は 14 支庁に分けられ，最も東に位置する根室支庁には 1 市 4 町（根室市・別海町・中標津町・標津町・羅臼町）がある．私は中標津町と別海町で小学校の教員として 31 年間勤務し，2013 年の春に退職した．通常学級の担任は 3 年間で，残りすべてを障害児教育にかかわった．担当した学級の障害種別等は知的障害，情緒障害，言語障害，病弱で，通級も担当した．

　中標津町は人口約 2 万 4 千で今（2013 年現在）も微増し続け，高齢化率が北海道の下から 3 〜 4 番目という若く活気のある酪農と商業の町である．山が一つもない別海町は酪農の町で緑の牧草地が広がり，その面積は香川県の 7 割に匹敵する，人口 1 万 6 千弱で牛はその 7 倍に達する．人工衛星からも見えるという格子状防風林が 2 町にまたがって広がり美しい．

1　人や組織とつながる

◆中標津町就学指導委員会

　私は教員になってから 30 年間就学指導にかかわってきた．初任者として赴任した当時（1982 年）の中標津町では，特殊学級設置校の学校長と特殊学級担任全員でつくる中標津町特殊教育推進委員会の就学指導部がその業務

にあたっており，初任者の私も就学指導委員となった．転勤先の別海町には就学指導委員会があったが，私は町教育委員会から就学指導委員の辞令をもらった．2000年に中標津町に異動，同町の就学指導に再度かかわるようになり，翌2001年からは推進委員会の事務局長として就学指導業務に中心的にかかわることになった．2003年には，就学指導業務が推進委員会から独立して就学指導委員会が組織され，事務局は中標津町教育委員会に移ったが，私は副委員長となった．退職後も事務局員や学識経験者としてかかわっている．

中標津町に再赴任した2000年，8月の全障研全国大会（兵庫大会）に初めて参加し学習したことを，翌月の就学指導部打ち合わせで基本方針にしたいと提案し採択された．「就学指導は，就学だけではなく修学をも保障することであり，既存の基準にあてはめて機械的に振り分けることではなく，学齢期の教育について保護者と関係者が見通しを共有し，必要な教育のあり方について合意を形成していくプロセスである」（「適正就学，学校・学級づくり」分科会における分科会基調．越野和之氏）である．この方針は，その後も年度当初の就学指導委員会総会と年度末総会の2回で継続を確認し，今に至っている．

2町の就学指導の経験から，教育委員会主導の就学指導が事務処理的な傾向を帯びやすいのに対し，教員がイニシアチブを発揮することで発達保障の視点をより強くもちうると私は考えている．

◆中標津町障害児者連絡協議会

中標津町障害児者連絡協議会（以下，障害児者連絡協）は，中標津町の障害のある当事者の会4団体と，障害のある子どもをもつ親の会の4団体，NPO法人森の家（就労継続支援B型），企業組合くれぱす（就労継続支援A型）の計10の単会で構成する（2013年現在）（表1）．「私たちの大好きな町中標津で，障害があっても安心して豊かに過ごせる」ことを目的として1981年に結成した．私は，1999年から事務局長としてかかわっている．

これまでの特筆すべき活動としては，根室管内に未設置であった養護学校

表1　中標津町障害児者連絡協議会の構成団体

障害のある 当事者の会	中標津町身体障がい者福祉協会 難病連中標津支部 ろう協会中標津支部 中標津町視覚障害者福祉協会
障害のある 子どもをも つ親の会	中標津町手をつなぐ親の会 子供の成長を見守る会 中標津町ことばを育てる親の会 中標津町保健所管内精神障害者を支える会
就労支援	NPO法人森の家（就労継続支援B型） 企業組合くれぱす（就労継続支援A型）

の設置を北海道に求め，北海道中標津高等養護学校の開校につながったこと（1996年），障害があっても兄弟や近所の友だちと同じ学校に通えることを町に求め，対象児童生徒がいる町内すべての小・中学校に特殊学級を設置する方針を得たこと（2001年）があげられる．毎年，定例で行っている活動としては，中標津町総合文化会館を貸し切って一般町民にアピールする「中標津町福祉のつどい」の開催と，ノーマリゼーションを伝える目的で開催する「フレンドリー・サマー・キャンプ」の実行委員会への協力がある．毎年はできていないが町長，教育長との懇談会も開催している．

◆ **釧根地区ADHD・LD・PDD懇話会中標津支部（通称：どらえもんくらぶ）**

　発達障害のある子どもの親とその子らにかかわる関係者との連携と支援を目的に，十勝で活発に活動していた田中康雄医師（当時，音更の道立緑ヶ丘病院勤務）らと連動する形で．釧路で開業していた堀口貞子医師らは，釧根地区ADHD・LD・PDD懇話会（通称：む～みん谷懇話会）を結成した（2001年）．私は，副代表として釧路に通った．2年ほど経って「自分たちの地域にもほしい」との思いから，お母さんたちと標記の会を結成した（2003年）．「どらえもんが地域にいっぱいいれば，のび太君やジャイアンのような子どもたちの笑顔もいっぱい増える」．そんな思いから，通称を『どらえもんくらぶ』とした．私は支部長としてかかわってきた．

「無理をせずできる範囲で」を基本に，活発に活動したり休んだりしながらも結成10年を超えた．お母さんたちの親部会（茶話会），関係者部会（インシデントプロセス法を用いた事例研修会），オヤジ部会（酒話会），メンズクラブ（思春期以降の男性当事者向けイベント），ジュニアクラブ（思春期以前の当事者向けイベント）等々の活動をこれまで行ってきた．北海道教育大学釧路校の小渕隆司・戸田竜也両氏と学生の協力を得て2012年で2回目のきょうだい支援の取り組み（どら塾）も好評である．中標津町教育委員会の後援をもらい，広く一般町民に案内をして開催する教育講演会を年に1～2回のペースで開催している．講師は田中康雄氏，佐藤暁氏，堀口貞子氏，竹田契一氏，小渕隆司氏，戸田竜也氏，二通諭氏，高山恵子氏，田中裕美子氏といった方々である．赤い羽根共同募金からの助成金を主な財源としている．

◆中標津町が組織する委員会

　障害児者連絡協を代表して，中標津町自治基本条例（仮称）及び第6期中標津町総合発展計画策定のための中標津町まちづくり町民会議委員に委嘱された（2009年）．自治基本条例では，中学3年生が理解できる平易な文章でかつ「ですます調」を，という主張が受け入れられ実現した．その後も中標津町自治推進委員会委員に委嘱されている（2013～16年）．どらえもんくらぶを代表して，第6期町総合発展計画を受けて策定する第3期中標津町障がい者計画・障がい福祉計画の策定委員に委嘱され（2011年），兼務する形で中標津町障害者地域自立支援協議会委員も委嘱されている（2011～14年）．

◆教職員組合等

　別海町には矢臼別演習場がある．初任者の年の夏，矢臼別平和盆踊りに参加し（1982年第18回大会），矢臼別平和委員会に加入した．その年の10月に教職員組合に入った．組合主催の根室合研で毎年のようにレポート発表し，全道合研や全国集会（02岐阜，03長野）に行く機会を得た．全国障害

児学校＆学級学習交流集会（09東京）にも参加し学習させてもらった．全障研の会員にもなった．見方，考え方，運動の進め方など，すべてここから学習させてもらった．

◆その他の関係団体

NPO法人スワンの家（以下，スワンの家と記す）は，1988年に別海町の小規模授産施設としてスタートし，2006年に法人化，現在は就労継続支援B型を中心にさまざまな活動を展開している．私は，退職後4月から副理事長についた．

NPO法人森の家（以下，森の家）は，1993年に中標津町地域作業所としてスタートし，2007年に法人化，現在は就労継続支援B型を中心にさまざまな活動を展開している．私は，退職後，森の家の一部屋を借り障害児者連絡協の事務室的に使わせてもらっている．

2006年には，障害のある人とない人がともに過ごせる居場所づくりをめざして「障がいのある人も豊かに生きられる地域をめざすぽれぽれの会」をつくり，ボランティアの協力を得て100円コーヒー店「喫茶サロンぽれぽれ」の運営を始めた．私は，事務局長についた．

2011年，根室管内初の就労継続支援A型施設として開設された「どんぶりカフェ＆お弁当くれぱす」（以下，くれぱす）もある．私は，畑の先生として時々お手伝いをしている．

2　違いをふまえて願いで協働する

◆特殊学級の分散設置を求める

別海中央小学校に勤務していた時（1988〜99年）に，中学校の特殊学級の分散設置を求める運動を教職員組合の立場で繰り広げたが実現しなかった．一方，2000年に再赴任した中標津町でも，特殊学級設置のセンター校方式が頑固に守られていた．センター校方式とは，センター校とされる学校にのみ特殊学級を開設し，特殊学級入級の際には他の通学区の児童生徒でも

当該校に就学させる方式のことである．当時の北海道でその方式の最右翼と言われたのが千歳市と中標津町であった．私は，特殊学級の分散設置を求めて，障害児者連絡協事務局の立場で親と一緒に活動し，町の方針変更という成果を得た．教員の立場からの要求だけでなく，保護者や当事者のねがいを届けたことが行政を動かしたのだろう．

　一方，成果が上がろうとしていた段階で「何も聞いていない」とクレームをつける管理職がいて，苦しい思いもした．もちろん教職員の立場も使った．特殊学級設置校から町内2つの未設置小学校に転勤したかつての同僚に，特殊学級がない学校の不自然さについて書いてもらい資料として添付した．この活動の概要は，『みんなのねがい』2002年8月号にも報告した．余談だが，中標津町で分散設置が実現して程なくして，別海町の中学校でも分散設置が実現している．

◆就学指導委員会のハードルを低くする

　中標津町の就学指導のこの15年の変化を簡単に書きたい．

　町の人口が毎年微増していることは既述したが，町内の小中学生は各学年250人前後でほぼ変動なく推移している．一方，就学指導を受ける児童生徒数は，2000年から2013年の間，顕著な増加傾向にある（図）．14年間の合計はのべ680人で，平均は48.6人である．

　最初の5年間の計142人（年平均28.4人）と最近の5年間の計343人（年平均68.6人）で見ると，9学年約2,250人中の割合は，最初の5年間が1.3％であったのに対し，最近の5年間は3.0％となる．就学指導が，保護者にとって，安心して相談できる仕組みと認められたことのあらわれだと考える．上記の680人のうち，次年度就学予定児は299人で，就学指導を受けた児童生徒におけるその割合は44.0％となる．最近8年間の就学予定児の合計2,058人のうち，就学指導を受けた子は220人で，10.7％となり1割を超える．もちろんそのうちには，通常学級で大丈夫と判断し，保護者も同意して，通常学級で入学した子もいる．

　町内の小中学校児童生徒全体に対する特別支援学級・学校在籍者の割合を

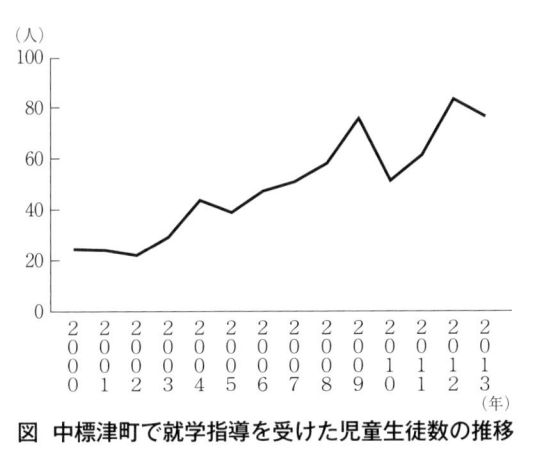

（人）

図 中標津町で就学指導を受けた児童生徒数の推移

　10年前と比較したのが**表2**である．通級および特別支援学級で学ぶ児童生徒は，全国と同様に大きく増加しているが，その在籍率は全国平均を大きく上回っており，この点では中標津町は，全国に先行しているとも言える．一方，特別支援学校在籍者は減少している（この点については後に再度ふれる）．

　以上の数値などからもわかるように，中標津町では，就学指導も特別支援学級も通級指導教室も，特別なものである度合いが他所に比べて低いように思われる．それは次のような取り組みに由来するものと考えている．

　①分散設置方式により，特別支援学級も通級指導教室もその子が通う学校に開設されている．中標津町では「他校通級」という現象はあり得ない．そのことが，物理的にも心情的にも「通いやすさ」を高めている．

　②就学指導を受けることを決めるのも，子に受けさせる教育を選択するのも，最終的には保護者であることを常に確認し，保護者にも言い続けてきた．通級指導教室の利用開始も終了も，特別支援学級への入級も，就学指導の審議を経て，保護者の同意を得て進めている．同意を前提とすることが信頼度を高めてもいると考える．その背後には，既述した就学指導の基本方針を常に意識して保護者と対応してきたことがある．

　③就学指導は年に1回だが，継続的な相談が可能になるよう，毎年のよう

表2 中標津町における特別な教育を受けている児童生徒

人（%）

	2003年	2013年
中標津町立小学校全児童数	1,567人	1,590人
通級指導教室利用者数	13人 (0.83)	52人 (3.27)
特別支援学級在籍者数	28人 (1.79)	96人 (6.04)
特別支援学校在籍者数	6人 (0.38)	0人 (0.00)
中標津町立中学校全生徒数	795人	712人
通級指導教室利用者数	1人 (0.13)	8人 (1.12)
特別支援学級在籍者数	10人 (1.26)	38人 (5.34)
特別支援学校在籍者数	8人 (1.00)	4人 (0.56)
中標津町立小中学校全児童生徒数	2,362人	2,302人
通級指導教室利用者数	14人 (0.59)	60人 (2.61)
特別支援学級在籍者数	38人 (1.61)	34人 (5.34)
特別支援学校在籍者数	14人 (0.59)	4人 (0.17)
全国（小中学校）	※	
通級指導教室利用者数	(0.33)	(0.80)
特別支援学級在籍者数	(0.83)	(1.70)
特別支援学校在籍者数	(0.48)	(0.70)

＊通級指導教室が設置されていない学校は，言語障害特別支援学級在籍者を通
　級とみなしてカウントした．
＊特別支援学校在籍者数は，100キロ先の釧路や300キロ先の旭川などの学校
　に通っている中標津の子どもで，その校区の学校に入れてカウントした．
※この欄の全国の数値は2004年のもの．

に就学指導を受けることも可能としてきた．情緒障害学級で入学して数年後
に通常学級に移籍，通級を利用し，さらに数年後には通級をも終了するとい
う子もいる．私たちの就学指導がめざす一つの典型的な事例だと考えてい
る．

　④特別支援学級を利用した生徒も，卒業後高校に入学している．町内の中
学校の特別支援学級籍の生徒たちの進路を調査したところ，全員が進学，そ
のうち中標津高等養護学校に入学した生徒は半数弱で，半数強の生徒は地域
の高校に進学していた．保護者との面談で質問があった時は資料を示しなが
ら説明している．

　⑤ていねいな就学指導に努めている．相談終了後にはアンケートを実施し

て，保護者が意見を表明できるようにしている．また，進学先の学校へも引き継ぎに行き，入学までに保護者と前担任と新担任の三者による面談引き継ぎが設定できるようにしている．

◆身近な場所に義務教育段階の養護学校機能を求める

1）障害児者連絡協の継続した活動として

　既述のように，障害児者連絡協はもともと根室管内に義務教育段階の養護学校を求めていたが，当時の北海道の状況（高等部への進学率が全国最下位レベル）から高等養護学校が設置された．したがって障害児者連絡協の毎年の総会では，義務教育段階でかつすべての障害種をカバーできる中標津特別支援学校（仮称）を求める運動の重点化を確認している．総会後の教育長等への挨拶の中でこの運動について説明したこともある．

2）お母さんたちの願いとの協働の経過報告

　2006年6月，児童デイサービスセンターが行う就学指導に関する学習会で，「中標津町に養護学校が設置されていないのはなぜか」との質問を，来春入学する子をもつ2人のお母さんから受けた．そこで，障害児者連絡協の役員と2人のお母さんとが会い，会の活動として運動を行うことを確認，署名活動を開始する．組織とエネルギーの結合と私は思った．

　障害児者連絡協は，同年7月，北海道教育庁の特別支援教育在り方検討委員会「意見を聴く会」で，義務教育段階の児童生徒をカバーする中標津特別支援学校（仮称）の設置を北海道に求めたい旨意見を述べたが，道の役人は「受け入れる町の姿勢が重要」とコメントするにとどまる．そこで連絡協は町の協力を引き出すべく，町の教育委員長，教育長，町議会議員文教厚生委員，地元選出北海道議会議員への要請と懇談を順次行う．誰もが理解を示し，応援すると言ってはくれるが，「やはり北海道の姿勢が問題だ」とされた．

　11月，地元選出道議と道教育庁担当者の話し合いがもたれた．北海道の担当者は「全道各地で同様の要望があることは承知している．道内の14支庁で養護学校未設置は根室・後志・留萌の3支庁なので，距離などの条件を

考えると根室は理由づけが可能か．署名を添えた要望書を提出してくれたらきっちりと伝達する」と述べたと言う．これを受け，北海道教育庁根室教育局長へ障害児者連絡協議会長，事務局長，母親2人の4人で要請・懇談を行い，署名8,693筆を2007年1月に提出した．その際，根室教育局の担当者からは「郡部の学校に特殊学級をつくってもらってマンツーマンで対応してもらえるようにするなど現実的な対応も考えてみては」とのコメントがあった．

　誰も人ごとで自分では決裁できない．ちなみに署名の内訳を分析すると，53％が中標津町民，中標津を含む根室管内では86％となっていた．

3）中標津就学指導委員会としての活動

　こうした活動の一方で，就学指導委員として「養護学校での教育が望ましい」との判断をどう保護者に伝えるか悩んだ．100kmも離れた釧路の学校にはとても行けないと思っていることを知っていながら，「行った方がよい」と言わなければならない．苦しんだ末に，就学指導委員会の判断は，不十分な現状の中からの選択ではなくその子に最も必要な教育のあり方を保護者に提案するべきだと考え，次のような判断に思い至った．

　①町内の小学校の空き教室を利用して，養護学校の機能をもつ特別支援学校の分教室を開設し教育を行うことが望ましい．

　②開設できない場合は，校区の小学校にその児童の障害に応じかつ開設されていない特別支援学級を開設して教育を行うことが望ましい．

　就学指導委員会として，養護学校の分教室設置を北海道に求めるとともに，北海道が設置できない時のことも予測し，次善の策として，新たな特別支援学級の開設を町に求め，道に同意を求めたのである．養護学校が適当と判断する子は，障害の程度が比較的重くかつ重複していることが多いので，根拠を示すことは比較的容易である．医者や児童相談所の判定員に障害の状態などについて発言してもらって文書化した．保護者もマンツーマン体制をとってもらえるのならとすぐに同意してくれる．

　2006年12月，就学指導委員長，教育長の決裁と2人の保護者の同意を得て，翌年4月，2人は校区の2つの小学校に入学した．2013年春には，この

２人は，同様の判断を経て２つの中学校に進学し，自分の家から地域の中学校に通う中学２年生となった．

4）現在の取り組み

障害児者連絡協は，毎年の総会でこの活動を継続する旨確認し，2013年度の町長との懇談会でも取り上げた．就学指導委員会でも，毎年の総会で義務教育段階の養護学校機能を身近な場所につくってほしいとの要望を北海道にあげることを決めている．特別支援学校で教育を受けることが望ましいと判断される児童生徒には，前述の子どもたちと同様，「分教室等の設置による教育が望ましい」と判断している．中標津町障がい者計画（2012年）の特別支援教育への体制整備の中にも「希望する児童生徒が地域で就学できるよう，養護学校の分教室の設置について，道に要請していきます」との一文が掲載されている．

◆成人式に合理的配慮を求める

障害児者連絡協が2013年度行った町長との懇談会で，成人式への合理的配慮を第一の要望とした．成人式を主催する町は，障害を理由に差別はけっして行っておらず，むしろ積極的に参加を呼びかけている．しかし現実には出席できない若者がいる．中標津町障がい者計画の「障がいのある人の社会参加の促進や多様な機会の活用による多くの人への啓発」という文言，障害を理由とする差別の解消の推進に関する法律（2013年），障害者権利条約などはいずれも，障害に基づくあらゆる差別を禁止し，そのための合理的配慮を求めていると確認し，一人の若者の個人的な障壁にも合理的配慮を行う観点から成人式に参加できる工夫と配慮を町に求めることにした．私たち障害者福祉関係町民活動団体としても，求められればそのような若者の代弁者として機能する仕組みをつくりたいと考えている．成人式に出たいと思うすべての障害者が，皆と一緒に成人式に出られる町にしたい．

おわりに

障害があるかないか，支援者か被支援者か，男か女か，若いか年寄りか，

教員か保護者かなど，さまざまな立場や考えの違いがある．違っていてむしろ当然であり，同じということこそあり得ないとも思う．違いは対立を生じさせるものではなく，知恵や豊かさを生み出すものだと考える．「連携は，己の非力さに気づいた時に始まる」という田中康雄氏のことばを思い出す．

　森の家に行くと，Tさんが仕事の手を休めて挨拶してくれる．私が初任者の時に6年生だった最初の教え子だ．2013年から森の家に勤め始めた3人の子どもたちは，特殊学級の分散設置が実現して中標津小学校あおぞら学級の1年生として入学した第1号の子どもたちで，中標津高等養護学校を卒業してきた．スワンの家に行くと，パン作りをがんばっているH君に会える．別海中央小学校時代の教え子だ．この子たちこそ私を育ててくれた私の支援者だと思う．ぽれぽれから森の家につながり，くれぱすで経験を積んで一般就労を実現させた最初の1人が出たと聞く．この町に暮らしたい，学びたい，つながりたい，働きたいと思う人が安心して暮らせ，学べ，つながれ，働ける町であってほしいと願う．

文　　献

村上撤（2002）センター校方式から分散設置へ—地域とした学級づくり．みんなのねがい，No. 419

　補足：身近な場所に義務教育段階の養護学校機能を求める運動は，その後2014年に再び活発化し，2019年4月，中標津高等養護学校に小・中学部を併設する形で実現した．中標津高等養護学校は，中標津支援学校に校名を変更した．

同意を前提とすることが信頼度を高める
インクルーシブな学校づくり・地域づくりにむけた提言

越 野 和 之

◆全障研大会の分科会討議から

　北海道の最東部にある町，中標津町．村上徹さんはこの地にあって，31年間の教師生活の大半を障害児教育に携わるとともに，基礎自治体の就学指導の仕事を担当してきた．私が村上さんに初めて出会ったのは，村上さんも書いている 2000 年の全障研全国大会（兵庫）でのことである．「適正就学，学校・学級づくり分科会（当時．現在は「就学・修学と教育条件整備」）であった．以来 15 年間，村上さんはほぼ毎年，この分科会で自らの取り組みを報告し，分科会の討論をリードしてきた．

　2000 年という年は，文部省（当時）が「21 世紀の特殊教育の在り方」を掲げる調査研究に着手し，「特殊教育から特別支援教育へ」の制度変更の議論を開始した年である．以後数年を経て，2007 年より特別支援教育体制が施行され，さらに近年ではインクルーシブ教育を標榜する制度改革が議論されてきた．この間の分科会では，こうした動向をふまえつつ，就学相談・就学指導や学校づくりの課題などについて考えあってきた．また，和歌山県新宮市，東京都檜原村，大阪府下の各地域，そして鹿児島県の離島地域など，「ナショナルミニマム達成」とは到底言い難い地域の実情が報告され，そうした状況の下での，インクルーシブな（排除のない）学校づくり・地域づくりの課題が検討されてもきた．同じく，けっして豊かな条件に恵まれているとはいえない中標津町からの報告は，分科会の参加者に勇気と，具体的な展

望とを与えてきたものと思う．以下，同分科会での報告や討論などにもふれながら，村上さんの実践の意義について，私の考えるところを述べてみたい．

◆ 「同意を前提」とする就学指導

村上さんの報告の最大の眼目は，やはり就学指導の取り組みにある．報告にある通り，中標津町では就学指導の実践を「基本方針」にもとづいて継続的に点検・改善し，近年では毎年就学予定児の 10 ％を超える子どもと家族の相談に応じている．この背景には，障害や発達上の遅れ・偏りなどをもつ子どもたちのための特別な教育的手だてを，居住する地域の学校の中にしっかりと用意するための，保護者や地域の人々と手をつないだねばり強い取り組みがあり，他方では，保護者には子どもが受ける教育を選ぶ優先的な権利があり（村上さんがこう言う場合，世界人権宣言第 26 条 3 項の規定などが念頭にある），保護者の選択・決定を支援することこそ，就学指導をはじめとする教育行政の役割だという村上さんの明快な思想がある．そうした思想が，具体的な取り組みの隅々にまでしっかりと埋め込まれるようにと就学指導の点検・改善を進める中で，上記の「10 ％」という数字が創り出されてきたのだと思う．

周知のように，「インクルーシブ教育システムの構築」を謳ったこの間の制度改定の一つの論点は，就学決定システムの改変にあった．障がい者制度改革推進会議などの強力な主張にもかかわらず，文部科学省は「本人・保護者の決定権（同意権）」について，一貫して消極的であったが，この問題は，中標津ではすでに原則的な解決をみているともいえる．「同意を前提とすることが信頼度を高める」という村上さんの主張は，中標津のみならず，全国的な制度改革の基礎におかれるべき認識であろう．

ところで，この間障害児教育諸機関で学ぶ児童生徒の割合が著しく増加していることから，「一体どこまで増えるのか」という問いは障害児教育関係者の切実な関心事の一つであるが，中標津での取り組みはこの点にも示唆を与えている．全障研大会の分科会で村上さんは，私たちの質問に答えて，

「就学指導を受ける子どもの割合はこの間増加してきたが，10％を超えるとそれ以上は増えないようだ」との現状認識を示された．もちろん，この数字をいたずらに絶対化することは正しくないだろう．しかし，中標津での「10％」は，ていねいな相談と指導態勢の整備にもとづく実証的な数字として，今日の学校教育において特別な支援を（一時的にでも）必要とする子どもの割合についての，一つの目安を提供しているとはいえるように思う．そしてこのことは，それだけの子どもを受けとめることのできる行き届いた学びの場と相談の体制を整えるための論拠でもある．

◆インクルーシブな学校・地域づくりにむけて

一方，この地域の最大の問題点は，義務教育段階の特別支援学校をもたないというところにある．現行法令上，都道府県はその区域内にある障害のある児童生徒を「就学させるに必要な」特別支援学校を設置する義務を負っているが（学校教育法80条），100 km を隔てた釧路にある特別支援学校をもって，果たして「就学させるに必要な学校」といいうるのか．「なぜ中標津に養護学校がないのか」という保護者の問いの前に，就学指導担当者としての村上さんは苦しみ，「小学校の空き教室を利用して特別支援学校の分教室を開設して就学させることが望ましい／分教室が開設されない場合は，…特別支援学級を開設して就学させる」という判断に思い至る．

じつは村上さんが紹介された全障研大会の分科会基調には後段がある．そこでは「就学相談・就学指導は，一人ひとりの子どもに即して〈発達に必要な教育〉のありようを明らかにし，それに応える学校・学級づくり・条件整備に進まなければならない」ことが主張されているのだが，このことに実際に取り組んだのが，学校設置義務を負う北海道に「分教室の設置」を要求するという，中標津町就学指導委員会の取り組みであろう．

じつをいえば，先の分科会基調は，中標津町の就学指導「基本方針」に採用された箇所も，上で紹介した箇所も，わが国の就学システムの現状を述べたものでなく，「そうあるべきではないか」という問題提起の水準にあるものである．しかし，村上さんはそれを地域における就学指導の実践に取り入

れ，中標津町の状況に即してその実現を試みてくれている．そして，私たち
は村上さんの（そしてまた村上さん以外の多くの方々の）こうした取り組み
によってこそ，掲げた理念の妥当性を吟味し，そのさらなる深化を展望して
いくことができる．そうした意味で，村上さんの実践は，私にとって格別の
意味をもつ実践なのである．

　なお，こうした取り組みにもかかわらず，中標津町には今日までのとこ
ろ，義務教育段階の特別支援学校は未設置*であり，特別支援学校での教育
が必要な子どもたちのうちの幾人かは，町の就学指導委員会の判断にもとづ
き，小中学校に新設された特別支援学級での教育を受けている．必要な条件
をできる限り整えつつ，小中学校でこれらの子どもを受けとめることで，ど
のような教育が実現されているのか，そこでは子どもたちのどのような生活
と発達が実現され，特別支援学校ではないがゆえに実現困難なことにはどの
ようなことがあるのか．こういったことについても中標津からの報告をぜひ
期待したい．その検証を通して，私たちは地域におけるインクルーシブな教
育の具体像を探っていくことができるであろう．

◆実践の基盤としての地域活動

　それにしても，本報告に記された村上さんの地域での活動の幅広さには驚
きの念を禁じ得ない．しかし，同時に，こうした諸分野にわたる活動があっ
てこそ，地域の障害のある子どもや家族の切実なねがいをつかむことができ
き，そうしたねがいにもとづいて地域に何が必要なのかをリアルに明らかに
できるのだとも思う．そしてまた，こうした活動の中で保護者・家族の切実
なねがいにふれるからこそ，村上さんは「保護者の選択権」について確固た
る信頼感をもって主張できるのでもあろう．このことも村上実践から学ぶべ
き大切なことの一つである．

　＊村上報告の末尾の「補足」にある通り，2019年4月に，中標津高等支援学校
　　に小・中学部が併設された．

教員としての25年の歩みと育ち

子ども，保護者，同僚，自分との出会いの中で

鈴 木 こずえ

はじめに

　若くてやる気にあふれていた初めての養護学校で，小学部を担当．高等部で経験を積んだ2校目．3校目では新たに中学部を担当し悩みもがき，現在，再び高等部へ．さまざまな喜びと葛藤を経験した教員生活もすでに25年．ここで立ち止まって，子どもたちへのまなざしや障害児教育への思いを，子どもや保護者や同僚との出会いを通して振り返ってみようと思う．そして同時に，自分自身の内面ともきちんと向き合ってみたいと思う．

1　子どもの見方・とらえ方の素地

◆遊んでなんぼ

　教員の道を歩み始めた私は，1校目は知的障害の養護学校小学部低学年からスタートした．のびのびとした雰囲気の中，子どもたちと遊ぶことが楽しくてたまらない毎日だった．「遊んでなんぼ」の気持ちで子どもたちと過ごしていた．特に朝は気持ちを開放させることを大切にした「自由あそび」から日課がスタートする．その時間が私は大好きであり，また勝負の時間でもあった．どこからきっかけをつくっても，何をしても，子どもが楽しむことができればいいのだが，それが難しい．表情の硬い自閉症の男の子を一生懸

命自転車に誘ったり，興味関心の幅の狭い自閉症の女の子を肩ぐるまして自転車で築山を滑り降りたり，歌を歌いながらブランコを数えきれないほど押したりと，遊びに対して真剣な毎日であった．

　なぜ「遊んでなんぼ」精神だったのか．それは遊びの中でおもしろがる子どもの顔が見たかったから．人とのかかわりが難しい子どもが，ふと心を許してくれる笑顔を見たかったから．自由遊びの中で「あれっ，なんかやっている．なんだろう」と近づいて見つめる目．友だちや先生が盛り上がっている様子が思わず気になって，見ていないようでじつは気になってさりげなく近づく姿．そんな子どもの素の部分にふれながら，その子はどうしたいのか，どうしたら楽しんでくれるのか，どうしたらかかわりを受け入れてくれるのかと，ひたすら探りながら子どもの心の動きを引き出そうとした．遊ぶ中で「この先生は楽しいことをやってくれる」「この先生となら安心して一緒にいたい」と子どもに思ってもらえる信頼関係をつくるためにも大切な時間であった．このように遊びの魅力に気づいたのは，先輩教師との出会いが大きかった．

◆ドキドキわくわく

　教員になって初めて組んだ先輩教師の授業をひと言で表すと，「ドキドキわくわく」．先輩教師の授業は，ビデオの中で魅力あるキャラクターが，「お～い，みんな，ぼくを探してよ」と呼びかけて，みんなで探検に出かけたり，手作りの乗り物に乗ったり，トランシーバーで交信したりと，子どもたちの目がキラキラと輝く授業だった．私も，子どもと一緒におもしろがりながら，子どもの表情に引き込まれながら，授業づくりに参加していた．そんな先輩教師との出会い，そしてドキドキわくわくする授業づくりの中で，教員生活初期に私が学んだことは，「障害児教育＝できないことを表面的に『〜させる』という一方向の指導ではない」ということであった．子どもが自分から「あれっ」と気持ちを寄せて心を揺らし，思わずやってみたくなる気持ち．教員や友だちを支えとしながら一歩踏み出そうとする気持ち．自信がなくて葛藤する気持ち．友だちに憧れてさりげなく見たりやったりしよう

とする気持ち．そこが何より宝物であり，その宝物の気持ちに気づくこと，寄り添うこと，見守ること，一緒に悩むこと．そこに障害児教育の本質があるのでないかと感じた20代だった．この気持ちが脈々と今に続いている．

◆自由な心で

　小低学部から小高学部に移り，教育課程を見直す時期に，「目指す子ども像」について話し合いがあった．若い教員からベテランの教員までが，どんな子どもに育ってほしいか意見を出しあった．「自分の好きなものがある子」「好奇心いっぱいの子」などいろいろな意見がざっくばらんに出された．私は当時「目指す子ども像」について率直に話し合ったこと自体に感激した．話し合いは「自立とは何か」にまで発展し，掘り下げて意見を出しあった．

　後日，教育課程部担当のベテラン教師がその話し合いをまとめて，「目指す子ども像」を「自由な心で，豊かに生きる子」と表現した．その言葉に深く感動したことを今でも鮮明に覚えている．他者の価値観に縛られることなく，自分の好きなもの，好きな人を自分のアンテナで感じとって，自分らしい生活を送ることができる．「自由な心で」生きることのできる子どもに育ってほしいという願いは，私の根っことなった．

◆障害児って，いつもいい子じゃないといけないの？

　2校目は初めて高等部の担任になった．学部集会で整列する時などに，違和感のある風景をたびたび目にした．生徒が走り出したり落ちつかなかったりすると，間髪おかずに教員が連れ戻す．整列以外でも自閉症の生徒が教員の思い通りの行動をしないと，すぐに「ちゃんとする」ことを求められる．教員の求める姿でいないと，怒られたり，連れ戻されたりする生徒．私が生徒だったら，「〜だから走った」などと行動の理由を説明することができる．あるいは教員に叱責され嫌な思いをしても，友だちや家族にぐちることもできる．自分のいらいらを説明するのが難しく，そもそもなぜそのようないわゆる落ちつかない行動をしたのか自分でも説明できない子どもたちが，学校に来ると常に「正しい」「教師の求める」行動を求められれば，誰だって

「やってられない！」とストをおこしたくなるのではないか．「障害児って，いつもいい子じゃないといけないの？」という違和感をもたずにはいられなかった．

　私は24時間テレビやドラマで，障害児・者が登場すると，その内容によっては素直に受け取れずに居心地の悪さを感じることがある．「がんばっている障害児・者＝すごい！　だから認められる」「障害児・者って心が汚れていなくて美しい＝魅力的！　だから認められる」という一面的なメッセージを視聴者が受け取ってしまうのではないかと感じるからである．私自身の中に明るく優しい自分とともに，誰にも言えないネガティブなどろどろした感情をもつ自分もいる．人は多面的な生き物である．いろいろな感情をもちあわせ揺らぎながら生きている．性格が良くても，欠点がいろいろあっても，人が生きている重みは同じ．障害があろうとなかろうと，人には生きる意味があり，存在価値があり，命の輝きは変わらない．やはり「障害児って，いつもいい子じゃないといけないの」という疑問に立ち返るのだ（私だっていつもいい人ではいられない）．

2　子どもとの出会いから

◆自分軸を大切に子どもと向きあう

　同じく高等部時代，特別支援学級から入学した女子生徒の陽子さん（仮名，以下同じ）を担任した．陽子さんは認識レベルの高い生徒であったが，気持ちの揺れが大きく，友だちとのトラブルが多く，他者との信頼関係も築きにくかった．学校生活の中で，少しずつ陽子さんとの信頼関係に手ごたえを感じていた頃，陽子さんが男子生徒とふたりで暗くなっても帰宅しないことがあった．捜索に対応した教員は，私のほかたまたま生徒指導の厳しい教員ばかりだった．捜索途中でやっと陽子さんが帰宅し，担任である私が彼女と電話で話すことになった．私は捜索して職員室に戻ってきた同僚の「困った生徒に時間をとられた」という空気を勝手に読んでしまい，形ばかりの，一方的な上からの指導をしてしまった．陽子さんが異性とのつきあい方を学

び，周りの人の心配を感じて，自分で行動を振り返るというチャンスを奪ってしまった．情けない失敗だ．表面的には何事もなく過ぎたが，その1回の電話で陽子さんとの信頼関係に溝が入った．その後，私の異動もあり彼女と会う機会がないが，現在は在宅生活だと聞いている．今でもふと彼女のことを思い出す．

　KY（空気を読まない）は悪いことではない．「人からどう思われるか．この言葉がけ，この指導は他の教員からどう思われるか」という他人軸の感じ方ではなく，自分軸を大切に子どもたちと向きあうことを学んだ，若き頃の失敗である．

◆決めつけない見方

　若い人から学んだことも多い．3校目の中学部でのこと．真理さんは「ママ」など2〜3語の単語があり，好奇心いっぱいの女子だ．プールが大好きで，プールの日はスクールバスの中でもプールバッグを離さず，登校後すぐに着替えなければ納得いかない．真理さんも生理が始まり，とうとうプールに入れない日が訪れた．友だちが水着に着替えるのに，自分は着替えられず，大泣きして大暴れしてやっと気持ちを切り替え，違う活動をしていた．プールに入れない数回目，私は当たり前のように真理さんは別の場所での活動をと考えていた．ところが，若い担任が「プールサイドに連れていってみては？　大丈夫かも？」と提案．「まさか！　真理さんがプールに入れなくて泣き叫ぶ姿が目に浮かぶ」と思った私だが，「そう？　やってみようか」といざ挑戦．すると真理さんは多少の葛藤はあったものの，プールサイドのベンチに座って，笑顔で見学することができたのだ．プールに入れなくても，プールではしゃぐ友だちを見て楽しむ姿が見られたのだ．これには感動だった．「〜だ．〜だ」と断定的な認識の真理さんが，「大好きなプールには入れないけど，友だちの様子を見て楽しい」と受け入れることができたのだ．

　「この子は発達的に〜だから，行動も〜に違いない」「手がかかるから安全パイでいこう」などと，子どもの見方を決めつけてはいけないと学んだシー

ンであった．若い同僚の方が，「真理さんならできるかも！」とその可能性を見出していた．若い人から学ぼうと肝に銘じた経験である．

◆たじろぐ気持ちに寄り添う

　2校目で出会った高等部の信子さん．身の回りの会話が楽しめ，簡単な文章を見本を見ながら書くことができた．信子さんは，怒っているか驚くほど機嫌がいいかどちらかというほど波があった．怒っている時はけりが出たり，机を叩いたり，心も体も固くなりなかなか機嫌が直らない．そんな信子さんは朝から機嫌が悪く，自分から教室を出ていくことがたびたびあった．廊下を歩き回るが，発作があるので一人にはしておけない．啖呵を切って出て行った手前，ドアの前まで来てもそう簡単には教室に入れない．教室の中から楽しそうな笑い声が聞こえてきたらなおさら入れない．そこには，教室に入りたいと思えば思うほど，機嫌を直してみんなと仲良くなりたいと思えば思うほど，そうできない信子さんの姿があった．研修会の実践報告の中で「たじろぐ気持ち」という表現に出会い，「これだ！　信子さんはたじろいでいる」とすっと胸に落ちた．「たじろぐ」と子どもの気持ちを代弁し寄り添う実践報告に深く共感したのだった．

　信子さんは怒ってばかりで学習に取り組めない．体制が厳しい中で教室から飛び出すので教員がとられてしまう．手や足が出る．教員が困る信子さんの行動だが，一番困っているのは信子さん自身だ．教室に戻って大好きな友だちとおしゃべりしたいのに，教室に入れず素直になれない自分．いい自分でいたいのに，そう思えば思うほどそうなれない自分と葛藤しているのだ．そんな信子さんに，焦らず信子さんのペースを大切にしながら，気持ちを切り替える時間をたっぷりとったり，きっかけをさりげなくつくったりして，次の行動に切り替えられるように寄り添った．表面的な行動のみに問題を感じて，即，問題解決をはかるのでなく，その奥にある本当の気持ちを読み取る感性をもちたいとあらためて思った出会いであった．

3 保護者との出会いから

◆「修学旅行は行けません」と言ったお母さん

　その信子さんのお母さんとの忘れられないやりとりがある．修学旅行が迫ったある日，信子さんのご両親が来校し，担任だった私に，「修学旅行は行けません」と突然告げた．即座に行動を求められるのが苦手な信子さんにとって，時間通りに飛行機に乗るということは，たしかに困難な課題だった．担任間で乗れなかった場合の対応を具体的に検討していることを伝えた．お母さんと話し合っていくと，「迷惑をかけるから行きませんと言いましたが，本当は違うんです．今頃迷惑をかけているだろうと私が嫌な思いをするのが嫌なんです．私が行かせたくないんです」とお母さんは涙を流された．私も一緒に泣いた．結果として信子さんは問題なく修学旅行へ行けたのだが，その時のお母さんのつまったものを吐き出すように話し始めた姿は今も忘れられない．吐き出してくれてよかった．

　子どもと出会い，その保護者に出会い，子どもを中心にいろいろな話をしていくが，「がんばって〜できるようになった」と目に見える変化を，保護者と共有し共感することは大切であるのには違いない．一方で私は，「信子さんは教室に入りたいと思うほど，戸惑ってしまう」「いい自分でいたいけど，それができずにますます攻撃的になってしまう．本当は友だちを求めている」など，信子さんの揺れ動く内面を見つめ，子どもの代弁者になりたいと願いながら，保護者との話し合いも大切にしてきた．保護者をひとりぼっちにしない，保護者と一緒に悩んだり立ち止まったりできる教師でありたいと願う．

◆母親としての自分を責めるお母さん

　中学部で担任した実くん．発語はないが毎日の繰り返しの中で，簡単な言葉がけを受け入れて，見通しをもって行動できる．明るくて人が大好きな男子だ．そんな実くんの保護者面談があった．中学部では家庭との連携をねら

い，保護者が学期ごとに生活の目標を考え，毎日連絡帳でその目標を○△×の印でチェックする，という取り組みをしていた．実くんの家庭で考えた目標は「布団を押し入れにしまう」などのお手伝いだった．面談でその話になった時，お母さんが「私が手助けすればできるのに，私が毎日さぼってばかりだから，×ばかりで」と声をつまらせ，「結局チェックは母親の私ができているかどうかで，私がサポートしてやらせれば○だけど，だめな親だから×で」と涙を流した．私は，はっとして言葉が出なかった．時間が止まったように感じた瞬間だった．「学校と家庭との連携」と立派なねらいを掲げながらも，真面目なお母さんを追い詰めていた学校．実くんのように明るく気さくなお母さんが，自分の子育てを責めてしまう悲しい涙を，私は忘れられない．そのお母さんとの出会いがあり，後述する太鼓サークルが生まれることとなった．

4　悩みながら

◆中学部での作業学習の中身づくり

　中学部を担当した3校目．中学部の生徒は体の成長が驚くほど著しい．体の成長と変化に戸惑うかのように，イライラの衝動や周りとの関係がうまくいかない時の反発が大きいなど，まさに思春期の嵐の始まり．小学部，高等部を担当したからこそ，中学部の時期の特徴を際立って感じた．

　作業班では手工芸班の担当となり，生徒の実態として発達差が大きい中，手探りで授業づくりが始まった．

　中学部という時期をおさえた授業づくりを意識し，生徒のやってみたい気持ちや達成感を感じられること，体を使って他者から「ありがとう」と言われるような作業を目指した．私の提案で，保健室のシーツにアイロンがけし，保健の教員から「ありがとう」と言ってもらった授業，文化祭で使ったバンダナを洗濯・アイロンがけをし，学部集会で報告した授業，絞り染めの全工程に挑戦したなど，探り探り実践を重ねた．他校の実践例からビーズ通しの授業も行った．いろいろな授業を進める中，担当間で検討した結果，ビ

ーズ通しが手工芸班の中心の題材と決定した．自閉症の生徒が短い時間ながらも集中する姿などが教員間で評価され，保護者の評価も良かったからだ．さらにブレスレットなどを作り，たくさん作って高等部と同様に販売しては，という意見も出された．

　しかしながら，私自身はビーズ通しの授業にやりがいを感じられなかった．黙々とビーズ通しをさせ，手が止まったら促し，手が止まったら促し，長い時間取り組んだ姿を「よくやったね」とほめる指導に違和感があったからだ．

　中学部段階での発達差のある集団の中でのビーズ通しの授業は，常に苦しい思いを抱えていた．

　発達をおさえた授業づくりの共通認識の難しさと，生徒のどんな様子をもって評価するかのずれを感じ，自分の力不足を実感した時期であった．

◆ボールペンの組み立て

　中学部の幸子さんは，「ママ」「トイレ」などの一語文があり，排泄は支援が必要だった．授業中に床に寝転ぶなど課題に集中するのが難しい一方，机上での学習には慣れていた．小学部時代にゆさぶり遊びやぬたくりなど，全身を使った感覚遊びや触れあい遊びをたっぷりしてほしかったと感じる生徒だった．進路のためにとボールペンの組み立てを勧める教員もいたため，毎日家でボールペンを組み立てている時期があった．ボールペンの組み立てを勧める教員とも，それをがんばってやらせたい保護者とも，結局幸子さんのとらえ方の溝を埋めることはできなかった．

　保護者は「卒業後のため」と今大切にしたいことを脇に置いて，将来への焦りから目に見える成果を求めてしまうことがある．「中学生なんだから」と生徒の実態をおおよそ通り越した行動を子どもに求めてしまうこともある．教員として保護者の願いを受けとめながらも，「時期のおさえ」「生活年齢」「発達年齢」を考慮した上でのねらい，教育内容，教材，仲間とのかかわりなどを考えていかなければと，もがいた中学部時代だった．

◆**教員の子どもの見方，とらえ方の違い**

　経験してきた3校のどこでも，子どもの見方，とらえ方は，教員間で大なり小なり違いがあり，互いに認めあいながら，一致点を探しながら実践してきた．3校目ではいろいろな状況から，その溝が大きくなり苦しくもがいた時代だった．

　当時を振り返ると，私は自分とは子どもの見方，とらえ方が違う教員を常にジャッジしてきたのかもしれない．心の中で「それは違う」と判定し，自らを苦しくしていたとも言える．さらに経験を積んだことで，若い同僚にいろいろなことを委ねているつもりでも，本心では頼りにしていなかったのではないか．「私がやらなきゃ」「違う人に委ねると，実践が違う方向に行ってしまう」と我を張ってがんばりすぎてしまっていたのかもしれない．そうなると，若い同僚は私にまかせてしまって，チャレンジしないままになってしまう．もしかすると仕事のやりがいを見出しにくくさせていたかもしれない．

　教員間の子ども観，指導観の違いに大きな違いがあることは事実である．その事実をあっけらかんと受けとめつつも，私ができることを，ひとつずつていねいにやっていく．楽しい実践を重ねていく．自分が大切にしたいことを発信していく．何より私自身が子どもとのかけがえのない時間，民主的な学校づくりを，希望をもって味わう．そんな中，一人の若者でも「あんなやり方もあるのだ」「そういう考えもあるんだ」と感じ，共感する出会いがあれば，これほど嬉しいことはない．

5　そして今

◆**太鼓サークルの取り組み**

　和太鼓が大好きな生徒，実くんを担任し，その保護者との出会いから「ドンドンつながれ太鼓サークル」を立ち上げることとなり，丸4年が過ぎた．学校の体育館を使用し，月に2回程度，児童生徒やその家族が30名程度集まり，和気あいあいと和太鼓を叩いている．現任校の生徒からスタートした

が，今では近隣の特別支援学校からの参加も増え，さらに卒業生も参加するようになり，休日の過ごし方としても場を提供している．PTA主催の祭りで叩いたり，近隣の太鼓サークルとワークショップを企画したり，荒馬座の公演実行委員会に加わり公演に出演したりと発表の場もある．雪遊びなども実施し，さらに活動は広がっている．

　障害のある子どもたちの「今」を大切に考えるならば，そして「これから」を見据えるならば，学校という枠の中で切り取って考えるのでは足りないと痛感している．もっと子どものことをわかりたい．もっと保護者の生の声が聞きたい．障害をもつ子どもたちの放課後，休日の過ごし方を含めて丸ごとを知りたい．障害をもつ子どもたちの放課後や休日の過ごし方を充実させたい．そしてさらに卒業後の第3の場づくりへと活動を広げていきたい．3校目も終わりに近づいた今，教員として学校という立ち位置から子どもたちを見るだけでなく，福祉を含む立ち位置から子どもたちの今と未来を見つめていきたいと感じている．

まとめ

　悩みながら，喜んだり，楽しんだり，時に落ち込んだりしながら歩み続けてきた．常に目の前には子どもたちがいてくれた．今もクラスの魅力あふれる生徒たちとの学校生活が続いている．子どもたちとの出会いによる楽しみも悩みも尽きることはない．そしていつも，一緒に考え，一緒に悩み，温かく見守ってくれる仲間が必ずいてくれた．子どもの見方，授業づくりの発想や情熱，学校を支える民主的な姿勢等，数えきれないものを仲間たちから学び，そのことが今の私の土壌となっている．

　私が今まで大切にしてきたことは，学校は子どもが主人公であるという原則である．子どもを教員の価値観の枠にはめる指導ではなく，子どもの気づきや心の揺れ，子どもの自発的な行動を大切にしたいという願いである．一方でそれが時として実践できない自分の未熟さも認めざるをえない．

　今回自分の歩みをたどる中で，私自身の自己肯定感の問題と向き合うこととなった．私の育ちを振り返ると，優等生的な小中学校での姿がある．親や

教師の期待に応えることを，自分に課してきたとも言える．どう思われ，どう評価されるかを意識し，ほめられないと満足できない自分が，今でも時々顔をのぞかせる．しかしながら，他人にほめられて育つ自己肯定感はもろい．ほめてくれる人がいなくては自信がもてない．自分より力がある人がいたら「もっともっと」エンドレスにがんばってしまう．それでは本当の意味で豊かな自己肯定感を育むことにならないと感じている．他人軸ではなく，自由な心で，自分の感じ方を大事にする自己肯定感を大切にしたい．

　子どもたちも同様である．「飴とむち」の飴としてほめる指導では，自己肯定感はけっして豊かにならない．障害のある子どもたちは行動を理解されない場合もあり，教員が善意でも，一方的な指導になってしまう危険性を多く含んでおり，自己肯定感の育ちがなおさら難しい場合も少なくない．友だちの中で，そして信頼できる大人との出会いの中で培っていく共感的な自己肯定感は，「自分が自分であっても大丈夫」という安心感ともいえるだろう．子どもたちがそのような自分との信頼関係を結ぶためには，私たち教員が，まず子どもたちの今の「そのまま」の姿を認めることが出発点である．「そのまま」の子どもたちを受け入れずに，ほっとする出会いや信頼関係は生まれない．同様に，今の私を受け入れずに「もっともっと」と自分を責めても，私自身と信頼関係を結ぶことはできない．子どもたちの「そのまま」と自分自身の「そのまま」を「それでいいんだよ」「大丈夫だよ」と抱きしめながら，自分の感じ方や違和感を大切に，これからも子どもたちと一緒に歩んでいきたい．

教員として生きることとは
　　　教員として育つこととは

土 岐 邦 彦

　私は鈴木さんの初任校における研究授業を何度も参観したことがある．当時鈴木さんが所属していた小低学部は，「おもしろい授業」を創造していこうとする気概にあふれた20代の若手の教員が多かったと記憶している．授業に入り込んで実践づくりをともに考える立場を得たことは私としても初めてであったが，先生方の実践そして議論は，鈴木さんが述べるように，まさに「ドキドキわくわく」ものであった．

　その鈴木さんも今やベテラン教員．自らの教員生活を綴った本報告を，当時を懐かしみながら，その後の鈴木さんを想像しながら，楽しく読んだ．以下，鈴木さんの教員としての時系列に沿って，鈴木さんの歩みをたどることから始めよう．

◆揺れる心に思いを寄せて——小学部での実践

　あのころの鈴木さんたち若き教員集団には，常に葛藤があった．発達のすじみちの理論を学び，たとえば幼児期前半の発達レベルにある子どもたちに，「みたて」や「つもり」を採り入れた活動を組織したことがあった．子どもたちはかたちとしてはたしかに教員がもくろんだように振る舞うのだが，子どもたちに笑顔は見られない．指導する教員もおもしろいとは感じられない．実践の場に居た私は，いつも教員集団の葛藤を感じていた．

　しかしそこで教員集団は考えた．「遊びっておもしろくてなんぼのものじ

ゃないか」と．「発達のすじみちの理論は，認識（知的能力）の発達が中心であり，そこには感情という側面は必ずしも考慮されていない」ことに気づいた教員集団は，「認識と感情とを切り離しては考えられない活動である遊びだからこそもっと自由な発想で授業をつくりたい」と意気込んだ．

　先輩教員（と言っても，同じ20代の若手教員であった）のリードで展開された遊びの授業は，鈴木さんの報告にあるように子どもたちを魅了した．これまでと表情がまるで違うのだ．「やってみたい，でもちょっと怖い…」「怖いからいやだ，でもおもしろそう…」という子どもたちの心の揺れを感じながら，子どもたちのその揺れる心に，鈴木さんは自分の思いを同化させていく．

　鈴木さんの教員としての原点は，子どもたちの多面的な心のありように気づくことにあったと言える．子どもたちに「自由な心」を育てたいという鈴木さんの思いは，とりもなおさず「自由な心」で実践を創りだしていきたいという教員としての自分自身の思いと通底していたのである．

◆揺らぎを抱えた自我を励ます──高等部での実践

　発達論を学びつつ，発達論から自由になって実践を構想する視点を教員生活の早期に体得された鈴木さんは，異動した2校目で高等部教育を経験することになった．学校生活が始まったばかりの小学部の子どもたちと違って，卒業後の社会との接点を意識せざるをえない高等部教育は，鈴木さんに新たな葛藤をもたらしていく．

　小学部での遊びの実践は，先述したように「でも…」という思いをバネにしながら，いわば「自我の揺らぎ」を楽しむ活動であったと言える．しかし，高等部の生徒たちの「自我」は一筋縄ではない．子ども時代の心と身体を卒業し，新たな心と身体を創り出しつつある青年にとって，自らの内と外からの刺激は当然のことながら彼らの内面に深く影響を及ぼす．彼らには大人からの一方的な「指導」においそれと乗るわけにはいかない自分が育っていた．

　だからこそ「こうあるべき」という上からの指導での失敗（陽子さんとの

エピソード）に今も悔やむ鈴木さんがいる．それでも，たとえば信子さんとのかかわりをとおして，鈴木さんは小学部の子どもたちとは異なる高等部生徒の「自我の揺らぎ」に直面することになる．それを鈴木さんは「たじろぐ気持ち」と表現している．小学部の実践が「自我の揺らぎ」をひきおこしつつ，それをバネにして遊びに誘うという性格をもつと言えるなら，高等部段階では「揺らぎを抱えた自我」にどう寄り添い，どう励ますかが問われているのかもしれない．鈴木さんの高等部時代の記述から私はそう学んだ．

◆生きづらさを実感しつつ──中学部での実践

鈴木さんは3校目で初めて中学部を担当し，これまで以上の葛藤を経験する．しかし中学部の生徒の葛藤は，教員の比ではなかった．なぜなら彼らは思春期真っただ中．自らの身体の内外に生じる得体の知れない変化に驚き，戸惑う時期だからである．

自分の身体が何が何だかわからない時を過ごす生徒たちは，同時に12年間の学校生活の中でも，子どもでもなければ大人でもない，そんな宙ぶらりんな中学部時代を過ごさざるを得ない．卒業後の社会とはまだ時間的な隔たりはあるものの，多くの学校では作業学習を中心として好ましい「スキル」や「態度」の形成が求められる．

本報告を読みながら，おそらく中学部とは，子どもにとっても，担当する教員にとっても，きわめて生きづらい時期なのだろうとあらためて感じた．その生きづらさが，子どものとらえ方や実践の進め方に，教員間の共通認識を形成する困難さを生み出すのだろう．

「将来のために」を目的とした指導に違和感を抱き，教員間の一致点を見出そうとしても叶わなかった中学部での実践．おそらく鈴木さんの教員生活の中で最も苦しい時代であったのだろう．それでも，真理さんに対する「きっと○○だろう」という鈴木さん自身の決めつけた見方を改めさせた若い同僚の姿に一筋の光を見出す鈴木さん．子どもへの信頼，同僚への信頼こそが実践を発展させていく力になると信じたい．

◆子どもの〈生〉をまるごと受けとめて
——保護者との協同で子どもたちの生活と人生を支える

　悩みながらも子どもを信頼し，同僚を信頼して日々の実践に取り組む教員の姿を間近で見ている保護者とは，かくも教員を信頼するのだということが，二人のお母さんとのエピソードから感じとれる．我が子への思いとは裏腹に，必ずしも良き親になりきれないと葛藤する母親は，その内面を吐露し涙を見せる．そして鈴木さんも涙を流す．

　しかし母親とともに泣くだけにとどまらないところが，鈴木さんの真骨頂である．「子どもたちの『今』を大切に考えるならば，そして『これから』を見据えるならば，学校という切り取られた枠の中だけで考えるのでは足りない」と鈴木さんは述べる．「太鼓サークル」を組織することをとおして，子どもと保護者の日々の生活の充実を目指し，さらには人生にまで目配りをする．ただでさえ多忙を極める教員生活にもかかわらず，学校内での子どもだけではなく，子どもの〈生〉をまるごと受けとめようとする教員がここにもいる．

◆おわりに——教員評価の問題とからめて

　教員としての自己形成史という性格をもつ本報告は，自分自身による教員評価とも言える．そして鈴木さん自身によるこの自己評価は，今すべての学校教職員を縛りつける「教職員評価」と真っ向から対立するものとして興味深く読める．

　企業の経営戦略を学校教育に持ち込み，それを教職員評価や学校評価に導入する論理は，教育にとって本質的な意味が見えない数値化した目標を教員と子ども，そして保護者に押しつける．それらをすべて否定するつもりはない．しかし，学校が子どもの発達を保障する場であるなら，熱意ある教員ならまずは目の前の子どもたちの実態に合わせて教材やはたらきかけ方を工夫し，その結果を評価して次の段階に進むはずだ．教育とは，そして評価とは，こうした地道で長い営みである．

　その長い営みには，自身の未熟さを嘆くこともあるだろう．でもそこに

は，鈴木さんがそうであったように，必ず自分を励ます子どもたち，保護者，そして同僚がいる．であるからこそ，教員は未熟さを抱えた自分自身をも愛おしむことができるのだ．教員一人ひとりが今の自分を見つめ，明日の自分に力を与えうるような評価の大切さを，鈴木さんの自己形成史に学ぶことができる．

おわりに

　「はじめに」にもあるように，本書は全障研の研究誌『障害者問題研究』に掲載された教育実践の記録とそれに対する論評を再構成して刊行するものです．雑誌掲載時のコーナー名は「実践に学ぶ」でしたが，単行本化にあたり，タイトルを「子どものねがいと教師のしごと」とし，「障害のある子どもと創る教育実践の記録」という副題を付しました．

　障害のある子どもたち，青年たちに働きかけ，彼ら彼女らが人間的な発達を実現していくことに寄与しようとする営みは，目の前の子ども・青年に働きかけることによって，その子からの応答を引き出し，そのやりとりを通して，その子のことをより深く知っていく，ということを出発点としなければなりません．この「その子のことを深く知る」という営みの中心に位置づくのは，その子の人間的な「ねがい」を知るということです．本書に収められた実践記録はいずれも，障害をもちながら人間らしく生きたいと願う子どもたちの，そのねがいの具体的なありようを，実践者である教師が，さまざまに働きかけることを通して探り，知っていくというプロセスを描いています．

　このように，目の前の子どもたちの人間的なねがいを探り，仮説的につかみだしてくるということは，それ自体が「教師のしごと」の不可欠の一側面ですが，しかし，「教師のしごと」はそれだけに留まりません．子どもたちのねがいに応えるために，教師は，毎日の授業の中で，あるいはさまざまな行事などの授業以外の場面でも，子どもたちに「新しい，魅力あること」を提示し，あるいは，日頃半ば無意識に接していることがらに新たな光を当てて，子どもたちの生活を耕していきます．教師が，子どもたちの目の前に新たな世界を開き，発達をうながすために子どもたちに手渡そうとするもの，それは，身の回りの自然や地域の中での人々の営みであったり，それらをより深く認識するための文化と科学の基礎であったり，自分を表現し，仲間と

つながり合うさまざまな文化活動であったり，子どもたちが自らの力で自身の障害と向き合っていくことを支える術であったりします．このように，子どもたちのねがいに応える文化を選択し，子どもたちが，新たな発見や感動とともにそれを受け取れるように，さまざまな形に変形させながら，子どもたちに手渡していく，このこともまた，「教師のしごと」の大切な側面です．

　そして，こうしたしごとを通して，教師は，わが子の幸福を誰よりも願っている子どもたちの母親，父親たちとともに，子どものねがいをより深く知り，地域の中に，障害のある子どもたちを健やかに育もうとする人たちの人垣を築いていきます．「学校づくりは箱づくりではない，民主的な地域づくりである」（京都府立与謝の海養護学校）．私たちの先達の残した大切なことばですが，このことは，子どものねがいを深く知り，そのねがいに応える毎日の学校生活をつくり出すことによって，子どもたちの人間的な発達を実現する営みを通してこそ，現実のものとなっていくのです．

　「実践に学ぶ」ということは，このように，その実践をつくり出した教師とともに，子どもたちのねがいに学び，そのねがいに応えようとして生み出され，繰り広げられる教師のしごとに学ぶ，ということではないか．本書の企画を具体化していく過程で，編者である私たちはこのように考えました．「子どものねがいと教師のしごと」という本書のタイトルには，私たちのこのような認識が込められています．

＊　＊　＊

　本書には13編の教育実践の記録が収められています．それらを見渡すと，わずか13編であるにもかかわらず，じつにバラエティに富んでいることに気がつきます．それは，まず，登場する子どもたちの年齢や障害の種類と程度がそうですし，実践の舞台となる学校の種類や地域，また主題となる教育実践の内容においても同様です．さらには記録の書き手に視点をあてても，障害児教育の実践に取り組み始めたばかりの若々しい著者から，自身の教師としての人生を振り返り，総括することを意識する世代の著者，さらには現在ではすでに教師としての生活に区切りをつけ，新たな役割をもって地域での活動に取り組む著者までが含まれています．

このことは，障害のある子どもたち，青年たちと取り組む教育実践の担い手の広がりと，私たちの研究運動の層の厚さを示すものですが，他方では，読者が本書を読み進めていく際の，ある種の「手強さ」を作り出すことになっているかも知れません．一つ一つの実践記録は，いずれも読み応えのある力作です．「おわりに」で書くのはふさわしくないかもしれませんが，どうか，さっと読み飛ばすのではなく，一つ一つの記録をじっくり味わって，できれば何度も読んでいただきたいと思います．そして，さらに言うならば，一人で読むだけでなく，本書を素材にしてサークルや読者会を開き，一つ一つの記録を取り上げて，複数の人で読み合い，語り合う機会をもってください．本書は，そのような「熟読」を求める本です．それぞれの記録に付されている論評が，そのような「熟読」を支えるガイドとなるでしょう．もちろん本書の冒頭に収められた論評の中で茂木俊彦さんが記しているように，論評自体の批判的な吟味も，本書を読み解いていただく際の大切な課題です．

＊　＊　＊

　さて，本書に収録された実践記録の「多彩さ」について述べましたが，もう一つの「多彩さ」に触れてみたいと思います．それは，実践記録の「単位」の多彩さということです．本書に収められた記録は，初出の性格にも規定されて，文章としての長さはほぼ同一ですが，それぞれの記録が扱っている時間の幅は一律ではありません．数ヵ月間にわたる授業や学校行事の取り組みを取り上げた記録もあれば，一人の子どもに焦点を当てて，数年間にわたる教育的な働きかけと，その下での子どもの活動と発達的変化を記したものもあります．さらには，20年以上にわたる教師としての取り組みと，その中での自身の子ども観，教育観の揺らぎや深まりを述懐する記録もあります．直接には数ヵ月間あるいは数年間の取り組みに焦点をあてながらも，その実践の不可欠の背景として，学校全体として実践を発展させてきた歴史や，著者の教師としての自己形成の足跡に言及している記録もあります．そして，そのいずれもが，一つのまとまりをもった実践記録として成立しているのです．

　私たちは，このことから，教育実践そのものと，教師によるその記録とい

う二つのものが、いずれも重層的な性格をもつものだということを知ること
ができます。教育実践は瞬間瞬間の子どもとの関係の積み重ねでありなが
ら、その積み重ねが子どもたちの発達的変化を創り出すものであり、しかも
それと並行して、教師の側にも、子ども理解のジグザグを含んだ発展を生み
出し、さらに、当該の教師の内面における子ども観、発達観、学校観、教育
観の深化や更新をもうながします。そして、実践の記録というものは、それ
がどの程度自覚的であるかは別にして、常に、記録の書き手である教師によ
る、実践を綴る観点の選択や期間の設定、内容の取捨選択などを経て成り立
っているのです。

　このことを踏まえると、実践記録というものは、一つの実践に対してただ
一つしか成り立たないのではなく、複数の記録が成り立ちうるということが
わかります。実践記録は、毎日の生活の中で、子どもとの間に生み出される
小さなエピソードを綴ることであってもよいし、1コマの授業の記録として
も、一つの教材をめぐるひとまとまりの授業の記録としても、さらにはより
大きな単位においても書かれてよいものです。そして、より大きな単位の記
録のうちには、実際には文章として明示されないけれど、その書き手の内面
には確かなものとして宿っている、無数の小さなエピソードや、場面場面の
子どもたちの表情、あるいは授業などの一コマ一コマが、織り込まれている
のだと思うのです。

　日々の小さなエピソードを文章として綴り、記録と記憶にとどめることも
小さな単位の実践記録です。そして、そうしたものがより長い時間の幅の中
で、さまざまな吟味を経て、それぞれのもつ子どもの発達にとっての意味、
あるいは教育実践としての意味がひとまず確定されて、より大きな単位の実
践記録となっていくのです。実践記録を書くなどというと大変なことのよう
に思われる読者もあるでしょう。しかし、その取り組みの最初の糸口は、
日々の小さなエピソードを文章として綴り、記録と記憶にとどめることにあ
ります。そのような営みが、障害のある子どもたちのねがいを聴き取り、そ
の人間的な発達に寄与することを願う多くの実践者によって取り組まれ、私
たちの全障研をはじめ、さまざまな教育実践研究の場に持ち寄られてこそ、

発達保障実践を発展させる基盤は，より豊かで，確かなものになっていきます．本書の出版と，本書の内容をめぐるさまざまな研究討議が，そうした取り組みを発展させるきっかけになることを願っています．

＊　＊　＊

本書がこうしたかたちで世に出るまでには，全障研出版部の他の刊行物と同じように，じつに多くの方々の創意と努力がありました．本書のベースになった『障害者問題研究』誌での「実践に学ぶ」のコーナーは，当時の同誌編集委員長であった白石正久さんの発案をもとに，同誌編集委員会での数次にわたる討議に基づいてスタートしたものです．各号の執筆者への依頼や編集実務，またコメンテーターとのやりとりなどは，同誌編集幹事である全障研出版部の梅垣美香さんが，毎号にわたりたいへんていねいに取り組んでくださいました．単行本化にあたっては，その企画段階から，NPO 法人発達保障研究センターの初代理事長である品川文雄さん，現理事長である中村尚子さんにさまざまなアイディアや意見をいただきました．また，本書の刊行に際しては，単に本を世に出すだけでなく，教育実践を語り合い，聴き合い，そのことを基盤にして教育実践記録が旺盛に書かれるような機運を盛り上げる取り組みと連動させていくことが欠かせないと考え，「学びのわ」プロジェクトと呼ばれる取り組みを発足させましたが，全障研全国事務局長の櫻井宏明さんには，本書の編集実務と合わせて，この「学びのわ」プロジェクトの運営も担っていただきました．このプロジェクトには，本稿執筆時点で 60 名を超える方々が参加してくださっています．そしてなによりも実践記録とそれに対する論評を寄せていただいた各執筆者のみなさま，記録の公表に同意していただいた執筆者の同僚や子どもたち，青年たちとそのご家族のみなさま．こうした多くの人たちのねがいを集めて本書は刊行されます．

本書が，障害児教育分野における教育実践研究のさらなる発展の礎となるように，より広いみなさまのお力添えをお願いします．

2021 年 9 月 13 日
越野和之

●編　者
越野和之　　こしの かずゆき　奈良教育大学
河合隆平　　かわい りゅうへい　東京都立大学

●執筆者（執筆順）
鈴木輝子　　すずき てるこ　茨城・特別支援学校
茂木俊彦　　もぎ としひこ　元・桜美林大学
南　有紀　　みなみ ゆき　和歌山・特別支援学校
髙木　尚　　たかぎ ひさし　日本福祉大学
阿部直俊　　あべ なおとし　青森・特別支援学校
白石恵理子　しらいし えりこ　滋賀大学
野津　保　　のつ たもつ　元・島根県特別支援学校
猪狩恵美子　いかり えみこ　九州産業大学
鶴町喜代子　つるまち きよこ　茨城・特別支援学校
川地亜弥子　かわじ あやこ　神戸大学
松本将孝　　まつもと まさたか　大阪・特別支援学校
木全和巳　　きまた かずみ　日本福祉大学
大前　学　　おおまえ まなぶ　京都・特別支援学校
山﨑由可里　やまざき ゆかり　和歌山大学
小島貴子　　こじま たかこ　埼玉・小学校
別府　智　　べっぷ さとし　岐阜大学
箕浦啓太　　みのうら けいた　愛知・小学校
竹沢　清　　たけざわ きよし　元・愛知県ろう学校
与倉麻美　　よくら まみ　島根・小学校
北川祐子　　きたがわ ゆうこ　全障研埼玉支部サークル「麦の会」
塚田直也　　つかだ なおや　神奈川・特別支援学校
荒川　智　　あらかわ さとし　茨城大学
村上　徹　　むらかみ とおる　元・北海道小学校
越野和之　　こしの かずゆき　奈良教育大学
鈴木こずえ　すずき こずえ　埼玉・特別支援学校
土岐邦彦　　とき くにひこ　元・岐阜大学

●編 者

越野和之 こしの かずゆき 1964年生
　　　奈良教育大学教員　全国障害者問題研究会委員長

河合隆平 かわい りゅうへい 1978年生
　　　東京都立大学教員　全国障害者問題研究会副委員長

本書をお買い上げくださった方で，視覚障害等により活字
を読むことが困難な方のために，テキストデータを準備し
ています．ご希望の方は，下記の「全国障害者問題研究会
出版部」までお問い合わせください．

子どものねがいと教師のしごと
　　障害のある子どもと創る教育実践の記録

2021年10月25日　初版第1刷発行

編 者　越野和之　河合隆平
発行所　全国障害者問題研究会出版部
　　　　〒169-0051　東京都新宿区西早稲田2-15-10
　　　　　　　　　　　西早稲田関口ビル4F
　　　　電話　03 (5285) 2601　Fax 03 (5285) 2603
　　　　http://www.nginet.or.jp
印 刷　(株) 光陽メディア

ISBN 978-4-88134-975-5　C3037　© Koshino&Kawai, 2021